Christian Ude
Chefsache

Zu diesem Buch

Daß Politiker unfreiwillig Satirisches von sich geben, ist häufiger zu beobachten. Udes Humor dagegen ist vollkommen freiwillig, auch freigiebig, wie der »Spiegel« schrieb. Daß der Münchner Oberbürgermeister Christian Ude vorsätzlich aus seiner Amtstätigkeit satirische und kabarettistische Funken schlagen kann, ist sein Markenzeichen. Ob Bürgerversammlung, Expertenrunde oder die streng geheime Wies'n-Anzapf-Generalprobe: Der Satiriker Ude bedient sich hemmungslos aus den Erfahrungen des Oberbürgermeisters Ude. Und kann so erstaunliche Einblicke bieten, zum Beispiel in ein »Amt für überflüssige Verwaltungstätigkeiten«. Er beweist ein hervorragendes Gespür für Situationskomik und Selbstironie und ergeht sich in freundlichem Spott über sein merkwürdiges Geschäft als Monarch im Rathaus.

Christian Ude, geboren 1947, ist gelernter Journalist und Rechtsanwalt. 1990 wurde er Bürgermeister, 1993 Oberbürgermeister der Landeshauptstadt München. Er verfaßte unter anderem »Meine verfrühten Memoiren«, »Chefsache« und »Ich baue ein Stadion«.

Christian Ude
Chefsache

Satiren

Piper München Zürich

Von Christian Ude liegt in der Serie Piper vor:
Chefsache (3253)
Meine verfrühten Memoiren (3646)
Ich baue ein Stadion (4674)

FSC

Dieses Taschenbuch wurde auf FSC-zertifiziertem Papier gedruckt.
FSC (Forest Stewardship Council) ist eine nichtstaatliche, gemeinnützige
Organisation, die sich für eine ökologische und sozialverantwortliche
Nutzung der Wälder unserer Erde einsetzt (vgl. Logo auf der Umschlag-
rückseite).

Ungekürzte Taschenbuchausgabe
1. Auflage Februar 2001
4. Auflage Januar 2006
© 1999 Piper Verlag GmbH, München
Umschlag: Büro Hamburg
Stefanie Oberbeck, Katrin Hoffmann
Umschlagabbildung: Bernd Wagenfeld, Düsseldorf
Foto Umschlagrückseite: Edith von Welser-Ude
Papier: Munken Print von Arctic Paper Munkedals AB, Schweden
Gesamtherstellung: Clausen & Bosse, Leck
Printed in Germany
ISBN-13: 978-3-492-23253-1
ISBN-10: 3-492-23253-1

www.piper.de

Inhalt

Zum Geleit

Politiker wollen, so vermutet das gemeine Volk in seinem Argwohn, immer nur das eine: ihre Wiederwahl. Wie kann man nur so sein?

Das Volk selber ist zum Glück ganz anders. Arbeitnehmer warten in aller Regel voll freudiger Ungeduld auf den Verlust ihres Arbeitsplatzes, und Beamte träumen ganztags von befristeten Jobs, die sie bald an den Nagel hängen können, Ärzte, Anwälte und Architekten machen mit bewundernswerter Noblesse einen großen Bogen um jeden potentiellen Patienten, Mandanten oder Bauherrn – nur Politiker hängen an ihrem Beruf. Einfach degoutant.

Doch es kommt noch schlimmer. Um ihren Job zu behalten, versuchen sie allen Ernstes, es möglichst vielen Leuten recht zu tun. Das finden fast alle Leute schrecklich, denn fast alle

Leute wissen, daß fast alle Leute ziemlich bescheuert sind, so daß nichts herauskommen kann, wenn man sie ernst nimmt. Das nennt man im besten Fall populistisch, im schlimmsten Fall charakterlos.

Vor diesem Hintergrund könnte leicht der Eindruck entstehen, ich wolle mit diesem Buch Charakter zeigen, beispielsweise Mut beweisen vor dem Königsthron unersättlich quengelnder Bürger. Oder in der Auseinandersetzung mit wichtigtuerischen Kollegen, herumirrenden Gutachtern und gutdotierten Laufbahnbeamten, geschäftstüchtigen Größen der Musikwelt und des Showgeschäfts, ergrauten Altrevoluzzern oder subventionserschleichenden Künstlern.

Charakter! Das hätte was! Aber trotzdem käme mir dieser schmeichelhafte Irrtum reichlich ungelegen. Denn dann könnte ja auch jeder Text gegen mich verwendet werden – von Fußballfans, Bürgerversammlungen und Personalvertretungen. Als ob ich nicht wüßte, daß Bürgerbeteiligung auch gegen Mitternacht noch das Lebenselexier unseres Gemeinwesens ist, Expertenrat so unverzichtbar

wie die Verwaltungsreform und jede Mark für
die Kultur gewinnbringend angelegt.
Also bitte. Vergessen Sie das mit dem Charakter. Es ist alles bloß SATIRE! Politiker wollen
nämlich wirklich immer nur das eine!

Der Verfasser

O'zapft is!

WANN ICH ZUM ersten Mal die zukunftwei-
sende Idee hatte, Münchner Oberbürgermeister zu werden, kann ich ganz genau sagen: Es
war in der Schwabinger Grundschule, ziemlich zu Beginn eines Schuljahres, während der
Wies'n. Statt des geliebten Fräuleins gab der
verhaßte Rektor Unterricht. Er litt schwer
darunter, daß kein würdiger Vertreter der
gebildeten Stände, sondern mit Thomas
Wimmer bloß ein ungehobelter Schreiner
Münchens Stadtoberhaupt war. Als ich wieder
einmal die Hausaufgaben im Schönschreiben
vergessen und der Wimmer Dammerl wieder
einmal Presseberichten zufolge auf dem Ok-
toberfest das erste Faß gekonnt aufgemacht
hatte, maulte mich der Rektor an: »Werd'
doch Oberbürgermeister, da mußt' anzapfen
können, sonst nix!«

Das sollte wohl tiefste Mißachtung ausdrücken – mich aber faszinierte fortan der Gedanke: Kein Schönschreiben, kein Rechnen – was für ein interessanter Beruf!

Knapp vierzig Jahre später wurde ich an einem schönen Septembersonntag tatsächlich zum OB gewählt, am darauffolgenden Samstag stand der Wies'n-Anstich auf dem Programm. Dabei war mir von Anfang an klar, daß ich diese Aufgabe ganz locker und unverkrampft, eben unheimlich cool, angehen mußte. Dreimal auf den Wechsel zu hauen und dann der durstenden Öffentlichkeit mitzuteilen, daß o'zapft is, kann doch wirklich keine Affäre sein!

Andererseits irritierte es mich schon, daß mir immer mehr Leute »viel Kraft und eine glückliche Hand« wünschten und sich dabei ausdrücklich nicht auf die sechsjährige Amtsperiode, sondern nur auf den kommenden Samstag bezogen.

Einfach lächerlich, welche Bedeutung diesen paar Schlägen beigemessen wurde! Ein wenig nervös machte mich das ewige »Sie schaffen das schon« oder »Es wird schon gutgehen« aber doch.

Die erste regelrechte Panik verspürte ich am Mittwoch abend bei einer Ausstellungseröffnung. Mein Amtsvorgänger Schorsch Kronawitter beobachtete erst wortlos, wie ich mein Pilsglas mehrmals zum Munde führte, dann wurde er weiß um die Nase und sagte entsetzt: »Christian, du bist ja ein Linker!« Ich wollte ihn schon schadenfroh fragen, ob er das wirklich erst jetzt merke, da entdeckte er im Publikum die Fremdenverkehrsdirektorin, die alljährlich die Wies'n organisiert, und schoß auf sie zu: »Der Ude ist Linkshänder.« Sie begriff sofort und schlug die Hände über dem Kopf zusammen: »Eine Katastrophe! Wir müssen alles umbauen!« Und dann malte sie mir aus, welches Unheil ich um ein Haar angerichtet hätte. Man muß sich das einmal vorstellen: Das größte Volksfest der Welt öffnet seine Pforten, die Weltpresse ist zu Gast, Fotografen haben seit Monaten einen reservierten Tribünenplatz, Kamerateams berichten in aller Herren Länder – und dann ist bei der feierlichsten Zeremonie – weil sich ein Linkshänder beim Anzapfen natürlich von der auf der rechten Seite etablierten Pressetribüne abwenden und wegbücken muß — statt des Stadtoberhauptes nur dessen Hintern zu sehen ...

Allein in China wird die Fernsehübertragung von 800 Millionen Menschen verfolgt — und dann so was!

Die umfangreichen Presseberichte über meine Linkshändigkeit und den dramatisch späten Umbau der Pressetribüne haben leider die Neugier der Journalisten, ob, wann und wo ich für den Ernstfall üben würde, noch gesteigert. Nun gehört es aber zu den bestgehüteten Geheimnissen des Münchner Rathauses, ob Oberbürgermeister überhaupt üben. Einerseits gehen Kundige davon aus, daß man nicht gänzlich unvorbereitet ans ebenso ungewohnte wie spektakuläre Werk schreitet, andererseits ist die Vorstellung, daß das Stadtoberhaupt heimlich in einem dunklen Brauereikeller übungshalber ein Fußbad aus köstlichem Gerstensaft anrichtet, auch nicht gerade schmeichelhaft.

Wie dem auch immer früher gewesen sein mag (dieses größte Geheimnis der Stadt bleibt natürlich streng gewahrt) — ich wollte üben, schließlich war ich der erste Linkshänder, der sich dieser Aufgabe stellte.

Die nächste Panne passierte im Vorzimmer. Um strengste Diskretion zu wahren, stand im Tagesplan, der an alle möglichen städtischen Dienststellen ausgereicht wird, für Donnerstag um 16 Uhr nur »Termin außer Haus«. So einen obskuren Programmpunkt hatte ich noch nie im Kalender stehen, und so sprach sich nicht nur in der Verwaltung, sondern auch bei den Rathausjournalisten blitzschnell herum, daß ich donnerstags um vier Uhr heimlich üben würde.

Aber wo? Ich staunte nicht schlecht, mit welcher geheimdienstlichen Akribie die geheimen Helfer aus dem Brauwesen vorgingen: wir fuhren in das Auslieferungslager einer anderen Brauerei, verschwanden in einem kleinen Pförtnerhäuschen, gingen einen langen Schacht entlang neben riesigen Rohrleitungen tief in den Giesinger Berg hinein und fuhren dann mit dem Materiallift aus dem Tiefkeller ins oberste Stockwerk, wo nach Kantinenschluß in der Küche bereits drei Fässer auf einen schweren, eisenbeschlagenen

Tisch gehoben worden waren: Ein leeres, eines mit Wasser und eines mit Bier gefüllt. Von hier oben hatte man übrigens einen herrlichen Blick auf die Silhouette der Altstadt und hinunter aufs Werkstor, vor dem mir zwei sichtlich gelangweilte Pressefotografen auflauerten ...

Mein Trainer, ein gestandenes Mannsbild und selbstverständlich gelernter Braumeister, mußte erst auf linkshändig umdenken: Man nehme den Wechsel in die rechte Hand, den Daumen in den Ring des Hahnes, den Schlegel in die linke! Den ersten Schlag sanft ausführen, dann kräftig nachsetzen; nach dem letzten Schlag um Himmels willen nicht loslassen, weil dann der Druck den Hahn raustreiben würde, sondern vorsichtig umgreifen – beide Hände fassen jetzt den Wechsel, die linke drückt den Hahn nach unten, derweil man mit der rechten nach dem ersten Maßkrug greift ...

Das ist in der Theorie wahnsinnig einfach – aber in der Praxis habe ich entweder den Wechsel schief gehalten oder zu zaghaft draufgehauen oder nach dem letzten Schlag den

Wechsel losgelassen oder gar den abschließenden Ausruf »o'zapft is!« vergessen, was auch schon einem Vorgänger auf der Wies'n passiert ist und für jahrelangen Spott sorgte.

Nachdem ich bei den Trockenübungen am leeren Faß über dreißig Spundhölzer verbraucht und mir einen stattlichen Muskelkater verschafft hatte, klappten die anschließenden Generalproben am Wasser- und Bierfaß auf Anhieb. Was für ein ermutigender Auftakt!

Trotzdem war der Schlaf von Freitag auf Samstag nicht ungetrübt. Ich wachte schweißgebadet auf, nachdem ich hatte mit ansehen müssen, wie aus einem 200-Hektoliter-Faß ein alles zermalmender Bierstrom herausschoß und ein riesiges Bierzelt im Nu ertränkte, bis das Geschrei der ertrinkenden Trinker verstummte und nur noch aufgedunsene Brez'n sich im Strudel drehten, ehe alles zum Haupteingang hinausfloß und wie die Niagarafälle ins dunkle Nichts hinunterdonnerte …

»Bist du aufgeregt wegen dem Anzapfen?« fragte meine Frau, die durch meine Schwimmbewegungen wachgestoßen wurde, aber ich lachte nur demonstrativ »haha, so weit kommt's noch!«, denn die Stadtspitze muß rund um die Uhr einen souveränen Eindruck machen! Um wieder einzuschlafen, versuchte ich, die 800 Millionen Chinesen abzuzählen, die im Fernsehen den Wies'n-Anstich mitverfolgten. Man muß sich das einmal vorstellen: Auch wenn schätzungsweise 100 Millionen Chinesen während der entscheidenden Schläge pinkeln gehen, hocken immer noch 700 Millionen vor der Mattscheibe – und grinsen, wenn's plätschert.

Der Versuch, die bösen Visionen der Nacht beim Frühstück mit der Zeitungslektüre zu vertreiben, mißlang gründlich: Karikaturist Ernst Hürlimann hatte sich das Anzapf-Zeremoniell ausgemalt und zeigte die versammelte Wies'n-Prominenz, wie sie sich samt Kellnerinnen hinter Fässern, Stellwänden und umgestürzten Tischen in Sicherheit bringt. Bildunterschrift: »Wissen'S, er ist halt noch ganz neu!«

Selbst beim Einzug der Wies'n-Wirte, bei der vergnüglichen Kutschenfahrt durch die Innenstadt, wurde die ohnehin schon unerträgliche Spannung noch weiter gesteigert. Immer wieder kamen aus der freundlich winkenden Menschenmenge am Straßenrand Zurufe wie »Ham'S g'übt?« oder »Höchstens dreimal, gell!« Keine andere Frage schien die Menschen mehr umzutreiben.

Dann das Festzelt: Ein brodelnder Dampfkessel, Geschiebe und Gedränge, stämmige Kellnerinnen und schwitzende Männer, stampfende Blasmusik, in der Anzapfbox ein Blitzlichtgewitter und glühende Hitze dank der Fernsehscheinwerfer. Durch irgendeine der zahlreichen Kameras guckten 800 Millionen Chinesen und warteten verschmitzt grinsend auf die Überschwemmung. Wenigstens stand die Pressetribüne auf der richtigen, nämlich der linken Seite …

Die eigentliche Zeremonie begann damit, daß ich eine Schankschürze anlegen mußte. Das hatten wir zwar nicht geübt, aber es klappte trotzdem. Allerdings sah es ziemlich albern aus. Wenn du es in England als Jurist zu etwas gebracht hast, tröstete ich mich, setzen sie dir eine Perücke auf, daß du ausschaust wie deine eigene Großtante; daneben ist doch die

grüne Schürze der Spatenbrauerei ganz kleid-
sam.

Dann trat ich auf den Hirschen zu – so nennen wir Leute vom Fach ein 200-Liter-Faß –
und nahm den Wechsel in die rechte Hand –
jawohl, in die rechte, und den Schlegel in die
linke (logisch!). Ein letzter Blick in die Runde
der blitzenden Kameras – am meisten allerdings störte mich der Reporter des Bayerischen Fernsehens, der mir sein Mikrofon un-
bedingt unter die Nase klemmen wollte. Er
umklammerte mich regelrecht von hinten.
Beim Boxen hätte man ihn verwarnt, beim
Fußball hätte man ihm die gelbe Karte gezeigt
– aber für das Bayerische Fernsehen gibt es
keine Spielregeln.

Jetzt war es soweit. Wann jemals schauen
einem Menschen so viele Leute auf die Fin-
ger? Vielleicht einem Stardirigenten, wenn
sein Neujahrskonzert in Eurovision übertra-
gen wird. Aber erstens wird der besser bezahlt, zweitens hat er länger geübt, und überhaupt: Wenn der sein Steckerl zu schräg hält,
wissen die Bläser oder Streicher trotzdem, daß
sie gemeint sind; und wenn er sich im ersten

Satz vertrödelt, kann er das später wieder hereinholen. Beim Anzapfen hingegen muß jeder Schlag im richtigen Winkel daherkommen und Punkt zwölf Uhr muß das Faß offen sein!

Den ersten Hieb habe ich vorschriftsmäßig sanft ausgeführt, der zweite allerdings ist mir total entglitten. »Gerade halten!« rief mein erschrockener Trainer, der sich neben dem Münchner Kindl unauffällig ganz nah postiert hatte. Ich hielt den Wechsel wieder gerade hin, stieß mit einer weitausholenden Linken erst den lästigen Reporter zur Seite – und ließ es dann krachen. Zack! Um es in aller Bescheidenheit anzumerken: Es war ein wahrer Meisterschlag. Der Wechsel saß fest, wie einbetoniert, und kein einziger Tropfen war danebengegangen. Ungelogen: Kein einziger Tropfen!

Das dumme war nur: Keiner hat den Meisterschlag erkannt. Keiner. Ich auch nicht. Ich fürchtete vielmehr, gleich werde der große, alles mitreißende Schwall herausplatzen, wenn ich nicht ganz schnell nachsetze. Zack, zack, zack, zack. Ich hörte erst auf, als ein Sprechchor »Aufhören! Aufhören!« schrie. Na gut, wenn das so ist, höre ich halt auf, dachte ich mir und sagte: »O'zapft is!« Das war's.

In der Ratsboxe erwähnte nach dem Hendl-Essen mit dem Ministerpräsidenten die Fremdenverkehrsdirektorin ganz nebenbei, daß es für das erste Mal schon ganz gut geklappt habe, so daß es ihr direkt leid tue, daß das chinesische Fernsehen im Gegensatz zum Vorjahr diesmal leider nicht dagewesen sei ...

In zahlreichen Interviews erklärte ich dann immer wieder, daß ich auch nicht verstünde, warum man um das bißchen Anzapfen so viel Aufhebens macht. Man müsse nur ganz cool dabei bleiben ... Sie wissen schon: Die Stadtspitze muß rund um die Uhr einen souveränen Eindruck machen.

In Wahrheit ist es natürlich so, wie schon der Grundschulrektor vermutet hat: Anzapfen muß man können – aber der Rest ist ganz einfach!

Der Bürgerbrief

ENDLICH WAR DIE Blasmusik zu Ende. Als ich nach der Jubiläumsfeier der Kleingartenanlage das Festzelt voller Ungeduld verlassen wollte, stellte sich eine resolute Frau in den Weg: »Wissen Sie, Herr Oberbürgermeister, ich bin die Frau, die Ihnen den Brief geschrieben hat.«

Ich stöhnte innerlich auf: Wie konnte diese Person auf die abwegige Idee kommen, daß ihr Brief in letzter Zeit der einzige gewesen sei, mir deshalb tiefen Eindruck gemacht habe und jederzeit aus dem Stegreif beantwortet werden könne? Sollte ich der Dame jetzt einen Vortrag halten, daß jährlich über 10000 Bürgerbriefe kommen und erst einmal vom Bürgerbüro bearbeitet werden müssen, ehe man mit einer Antwort rechnen kann? Mein einziger Trost war, daß die Vorstadtjournalisten schon verschwunden waren und den anstehenden Bürgerprotest nicht mehr aufschnappen konnten.

Aber schon setzte sie nach: »Sie wissen schon, wegen der Schulerweiterung bei uns draußen …« Du liebe Zeit: Das auch noch! Eine schulpolitisch ambitionierte Mama! Bei einer Wohnungssuche oder einem Ruf nach einer zusätzlichen Tempo-30-Zone hätte man ja noch väterlich auf die Schulter klopfen und baldige Abhilfe in Aussicht stellen können – aber gleich eine ganze Schulerweiterung!

»Die Elternschaft ist ja schon wirklich sauer geworden«, fügte sie mit einem bedrohlichen Unterton hinzu, den ich bei Bürgerkontakten ganz besonders schätze. Solche Eltern haben ja außer dem Fortkommen des eigenen Sprößlings nichts im Kopf und können sich gar nicht vorstellen, daß die Stadt wirklich kein Geld mehr hat, aber noch viele Aufgaben, die auch eine Kleinigkeit kosten. Ich holte also Luft, um die Kurzfassung des Vortrags über die Finanznot zu halten, die Arie vom ungerechten Finanzausgleich, das Klagelied über die schlechte Konjunktur und den Refrain von den Kosten der Einheit zu singen.

Doch sie nahm mir das Wort, bevor ich es ergreifen konnte: »Die Stimmung war ja wirklich schon auf hundertachtzig, wenn nicht sofort etwas passiert.« Wie ich diese Ultimaten der Ahnungslosen hasse! Sofort! Natürlich! Warum nicht gleich gestern? Diese beflissenen Mittelschichtsbürger mit ihrer umfassenden Bildung wissen ganz genau, daß der Oberbürgermeister, wenn er nur guten Willens ist, eine Schulerweiterung einfach aus dem Ärmel schütteln kann. Ich überlegte kurz, wie ausführlich ich der Dame den Gang der Geschäfte darlegen sollte, die gesetzlich vorgeschriebenen Schritte vom Wunsch bis zur Realisierung, von der Bedarfsermittlung über den Grundsatzbeschluß bis zur Planung, von der Projektgenehmigung über die mittelfristige Finanzplanung bis zum Haushaltsansatz, von der Bürgerbeteiligung zwischendrin ganz zu schweigen.

Da schnatterte sie weiter: »Letztes Jahr waren wir ja schon in der Liste eins, aber in diesem Jahr sind wir bei der Haushaltskonsolidierung in Liste zwei gerutscht.« Also ehrlich: Ich habe nichts gegen den mündigen Bürger, schon gar nicht gegen die mündige Bürgerin. Aber müssen wir wirklich gleich jeden Querulanten so mit Informationen vollfüttern, daß er sich besser auskennt als die Stadtspitze? Wenn das Ding schon in Liste eins war, muß es tatsächlich bereits geplant und beschlossen sein und vom Stadtrat für dringlich gehalten werden. Andererseits: Wegen der unverzichtbaren Konsolidierung ist es in Liste zwei gerutscht, dann geht es jetzt eben nicht, basta!

Ich wollte schon die Unvermeidbarkeit schmerzhaftester Sparbeschlüsse beschreiben und mit weiteren qualvollen Beispielen aus der Folterkammer des Stadtkämmerers illustrieren, da schnitt mir ihr Redeschwall auch diesen Weg ab: »Aber zum Glück haben Sie mir prompt geschrieben, daß diese unbillige Härte sofort korrigiert werden muß.« In mir stieg eine unbändige Wut auf. Wer hatte es da schon wieder gewagt, ohne mein Wissen, wenn auch mit meiner Unterschrift, unverantwortliche Versprechungen in die Welt zu setzen? Mein Verdacht fiel sofort auf meine Stellvertreterin und die Stadtschulrätin. Damit stand das Thema der nächsten Referentenrunde bereits fest: »Die strikte Wahrung der Haushaltsdisziplin im Angesicht meuternder Elternbeiräte und aufmüpfiger Lehrerkollegien.« Jawohl!

Während sich meine Miene verfinstert haben muß, hellte sich das Gesicht der Bürgerin schlagartig auf: »Jetzt brauchte es nur noch die außerordentliche Mittelbereitstellung durch die Kämmerei. Aber nach Ihrer Intervention war das kein Problem mehr. Jetzt hat man uns bestätigt: Im Herbst ist Baubeginn.«

Ich rang kurz um Fassung. Im Herbst ist also Baubeginn! Wir leben in Zeiten schlimmster Finanznot, die Kassen sind leergefegt, aber ich spreche ein Machtwort – und schon rücken die Bagger an. Ist das nicht ein toller Beruf? Wo sind nur all die Journalisten geblieben, die doch wirklich einmal über solch einen aus dem Leben gegriffenen Fall berichten könnten?

Die Dame, die übrigens einen ebenso liebenswürdigen wie kompetenten Eindruck auf mich machte, kam lächelnd zum Happy-End: »Eigentlich wollte ich Ihnen ja im Namen unseres Elternbeirats einen Strauß ins Rathaus bringen, aber so was bekommen Sie ja wahrscheinlich alle Tage, so wie Sie sich für jeden Bürgerbrief einsetzen ...«

Nun kam ich erstmals zu Wort und ließ nach einigen Sätzen von schlichtem Pathos wie »Man tut halt, was man kann« oder »Aber ich bitte Sie, dafür werde ich schließlich bezahlt« auch noch ganz nebenbei einfließen, daß ich ja meine Laufbahn mit Schulpolitik begonnen hätte und daß Bildungsinvestitionen immer noch die beste Zukunftsvorsorge seien, auch wenn es manchmal schon ein hartes Stück Arbeit sei, dies der Kämmerei beizubringen ...

Postskriptum 1: Ude, sagte ich nach dem Gespräch zu mir, und so formell bin ich nur in zugespitzten Krisensituationen oder in Augenblicken sprunghaft steigenden Selbstbewußtseins, es war einfach genial, die ganze Zeit den Mund zu halten – langsam hast du die Sache im Griff!

Postskriptum 2: Ich fand es übrigens ausgesprochen ungerecht, daß ich den Blumenstrauß nicht erhalten habe. Schließlich bekomme ich oft genug Ärger wegen Vorgängen, von denen ich auch keine Ahnung habe.

König Fußball

DIE INTELLEKTUELLE GENÜGSAMKEIT unserer Sportreporter ist für mich immer wieder ein Quell der Freude. Jahr für Jahr fragen sie mich – weil ich Lebenszeitmitglied bei 1860 bin, mit einer gewissen vorauseilenden Schadenfreude – vor allen Lokalderbys, wer meiner Meinung nach gewinnen werde. Jahr für Jahr antworte ich, daß natürlich der FC Bayern als Favorit ins Derby gehe, wie man ja auch im Vorjahr wieder einmal gesehen habe, daß es aber schon sehr schön wäre, wenn diesmal die »Löwen« den Sieg davontragen könnten. Für diese Sprechblase bedanken sie sich dann auch noch, als hätten sie einen tiefen Blick in die Geheimnisse der Fußballwelt werfen dürfen.

Seit ich dem Aufsichtsrat von »Sechzig« angehöre, werde ich sogar noch in der Pause zu Rate gezogen: ob ich auch die rote Karte gegeben hätte, ob ich mit dem Mittelfeld zufrieden gewesen sei und wen ich in der zweiten Halbzeit auswechseln würde. Da heißt es dann schon aufpassen. Die Frage nach irgendeiner Entscheidung des Schiedsrichters kontere ich inzwischen äußerst gekonnt. Die Entscheidung muß umstritten gewesen sein, sonst würde man mich nicht danach fragen. Also sage ich erst einmal: »Sicherlich, man hätte auch anders entscheiden können …« Zuruf aus der uns umringenden Meute neugieriger Fußballfans: »Sehr richtig!« Aber weil ich weiß, daß Richterschelte sich nicht gehört, füge ich hinzu: »Aber man konnte auch so entscheiden!« Jubelnde Zustimmung bei den Fans der anderen Couleur. Und überall die Gewißheit: Der versteht was vom Fußball!

Sehr viel schwieriger ist da schon die Frage nach dem Mittelfeld oder einem Spielerwechsel. In solchen kitzligen Situationen beschränke ich mich auf die seriös formulierte Zusammenfassung der Zwischenrufe, die ich zuvor auf der Tribüne hatte aufschnappen können. Hat zum Beispiel in der ersten Halbzeit Kaiser Franz neben mir vor sich hingebrummelt, seine Mannen bräuchten gar kein ausgebautes Olympiastadion mehr, weil sie mit ihrem Trauerspiel künftig nicht einmal das Dantestadtion füllen könnten, riskiere ich in der Pause eine kesse Lippe und berichte aus meinem reichen Erfahrungsschatz, daß ich die Bayern durchaus schon stärker gesehen hätte – »um es nicht noch deutlicher zu sagen«. Irgendeiner der Nachrichtenhändler wirft dann ein, daß soeben auch Beckenbauer sich in einem Interview kritisch über das Spiel des FC Bayern geäußert haben soll. »Soso, auch der Beckenbauer«, sage ich dann beeindruckt, »da kommen wir ja zu einem sehr ähnlichen Urteil ...«

Trotz solcher Techniken, die man sich im Lauf der Zeit zulegt, ist es für einen späten Emporkömmling in den Kreisen der Fußball-Fachsimpelei nicht immer einfach, trittsicher zu agieren. Wie nahe man dem Abgrund ist, wenn man sich über Fußball äußert, mußte ich ausgerechnet auf dem Rathausbalkon von den Fans des eigenen Vereins erfahren. Es war, kurz gesagt, eine schmachvolle Katastrophe.

Die »Löwen« feierten nach entsagungsreichen Jahren in der Bayernliga ihren kometenhaften Aufstieg durch die 2. Bundesliga zum Erstligisten: mit 20 000 Fans auf dem Marienplatz. Die jubelnde, fahnenschwenkende Masse schwappte hinüber bis zum Kaufhof und umspülte auf der anderen Seite auch noch den Alten Peter. 20 000 Fans, das ließ mein Löwenherz lachen. Der Polizeibericht sprach zwar von 15 000 Personen, aber das beweist nur, wie bedrohlich die bayerische Polizeiführung bereits vom FC Bayern durchsetzt und unterwandert ist. Die Menge jubelte, sang das Löwenlied, skandierte einzelne Spielernamen, schwenkte Fahnen und hielt weißblaue Schals in die Höhe, geriet immer wieder aus dem Häuschen. Als »Sechzger« gewöhnt, das Leben eines *underdogs* spielen zu müssen, stand ich jetzt voller Stolz an der Balkonbrüstung: »MEINE LÖWEN!«

Wie ich inzwischen weiß, darf bei einer Fußballfeier kein Satz mehr als fünf Silben haben und vor allem keinen geistigen Widerhaken. Also: Ein Wortungetüm wie »Ich begrüße hier auf dem Marienplatz ...«, kann man gleich vergessen. Es muß kurz und bündig heißen: »Hier sind die Löwen« (5 Minuten Beifall, Jubel und Gesang). »Willkommen« (5 Minuten Beifall, Jubel und Gesang). »Ich sage: Bravo!« (5 Minuten Beifall, Jubel und Gesang). Nach diesen Worten der Einführung und Würdigung folgt die Zwiesprache des Politikers mit der jubelnden Masse: »Zweite Liga …« (20000 Kehlen brüllen: »… nie mehr!«) Und dann: »Einmal Löwe … (20000 Kehlen brüllen: »… immer Löwe!« anschließend 5 Minuten Beifall, Jubel und Gesang).

So, wie gesagt, hätte es sich gehört. Aber mich hatte irgendein Teufel geritten und mir eingeflößt, ich solle in diesem blauen Fahnenmeer ein Signal meiner vereinsübergreifenden Überparteilichkeit setzen und zum Ruhme der Fußballstadt München auch an die Roten erinnern, die eben erst … Kaum hatte ich die unaussprechliche Farbe ausgesprochen, brach ein Protestgeheul aus Buh- und Pfuirufen, lautstark untermalt von Hunderten Trillerpfeifen, wie ein Sturm los. Vor lauter ohrenbetäubendem Lärm verstand ich trotz sündteurer Lautsprecheranlage mein eigenes Wort nicht mehr. Ich versuchte mit beschwichtigenden Handbewegungen den Lärm zu dämpfen, was bei Beifallsbekundungen leidlich funktioniert, bei empörtem Protestgeschrei aber nicht die geringste Wirkung entfaltet. Erst als ich mich ratlos den Spielern auf dem Balkon zuwandte, ebbte der Lärm ein wenig ab. Doch in dem Augenblick, als ich mich wieder dem Mikrofon näherte, schwoll der Sturm augenblicklich zum Orkan an. Die Lage war ausweglos: Ich hatte nur die Wahl, entweder wie ein ertappter Sünder kleinlaut abzutreten oder aber mannhaft am Mikrofon stehen zu bleiben, niedergebrüllt von der rasenden Meute und ohne Chance, Gehör zu finden. Da spürte ich plötzlich, wie Ober-Löwe Karlheinz Wildmoser mich mit einem kräftigen Prankenhieb zurückschob. Dann trat er ans Mikrofon und rief dem plötzlich verstummenden Menschenmeer zu: »Bevor unser Mitglied ...« (20 000 Fans registrierten, daß der vorhin entgleiste Redner doch irgendwie zu ihnen gehört) »... seine Rede zu Ende bringt ...« (20 000 Fans atmeten auf: es ist bald vorbei!) »... singen wir gemeinsam:« (das waren schon wesentlich mehr als fünf

Silben, und trotzdem wurde ihm immer noch zugehört) »SO EIN TAG« (und 20 000 Fans stimmten fröhlich mit ein) »SO WUNDER-SCHÖN WIE HEUTE …«

Noch nie hatte ich zuvor einen erwachsenen Menschen so falsch singen hören, aber ich hatte auch noch nie zuvor einen Sänger wegen seines Gesangs so ins Herz geschlossen wie in diesem Augenblick meinen Präsidenten, der die Massen beruhigt hatte wie seinerzeit Moses das Meer.

Daß mir ein derart aberwitziger Fehltritt überhaupt hat passieren können, liegt an meiner bildungsbürgerlichen, fußballfernen Herkunft. Wie wenig ich von zu Hause überhaupt von Fußball mitbekommen habe, wurde deutlich, als mein Vater für seine Verdienste um Kunst und Literatur mit dem Bundesverdienstkreuz ausgezeichnet wurde, genauer gesagt: als er über dieses Vorkommnis anschließend in der Familie erzählte. Die Zeremonie fand im Amtszimmer des Kultusministers statt und sollte eher schlicht gehalten werden, trotzdem kam mein Vater überwältigt zurück: »Nein, so ein Medienrummel – damit hätte ich nie gerechnet. Daß die Kollegen von der Süddeutschen Zeitung da waren, versteht sich ja von selbst – schließlich bin ich seit den zwanziger Jahren dabei. Auch mit den Kollegen von Merkur und Abendzeitung hatte ich gerechnet – man kennt sich schließlich seit Jahrzehnten. Aber daß dann noch das Bayerische Fernsehen da war und das Österreichische und sogar die BILD-Zeitung und jede Menge Fotografen – das war wirklich alles überwältigend. Und dabei ist außer mir nur ein junger Mann geehrt worden – ein gewisser Beckenbauer, der ganz gut Fußball spielen soll.«

Solchermaßen in fußballfernem Milieu aufgewachsen, lernte ich erst später als Rechtsanwalt die Bedeutung der Münchner Fußballvereine und vor allem die Bedeutung der Mitgliedschaft in ersten Ansätzen kennen. Wenn ich heute am »Tag des Ehrenamtes« oder bei einem gewichtigen Vereinsjubiläum die sinnstiftende und gemeinschaftsbildende Kraft einer Vereinsmitgliedschaft würdige, habe ich jedenfalls immer eine Gerichtsszene im Hinterkopf.

Aber ich sollte vorne beginnen: Eines Tages erschien ein junger Bursche mit seiner Clique in der Sprechstunde und tischte mir folgende Geschichte auf: Man sei gemeinsam nach einem »Sechzger«-Spiel still und bescheiden durch die Fußgängerzone gezogen und bei einem Geschäft vorbeigekommen, wo man einen Blick hineinwerfen wollte, aber plötzlich von einem älteren Herrn mit Hacklstecken grundlos überfallen worden sei, der dann auch noch die Dreistigkeit hatte, seine jugendlichen Opfer wegen Körperverletzung anzuzeigen … Inständig bat ich den Mandanten und seine mitgebrachten Zeugen, das Geschehen etwas realistischer zu schildern, weil die Richter auch nicht völlig bescheuert seien, doch es half nichts: Sie blieben felsenfest bei ihrer Version, die auch schon in den Polizeiprotokollen nachzulesen war. Jeder anwaltliche Rat glitt ab. So und nicht anders sollte es dem Gericht erzählt werden, »weil es ja auch so gewesen ist«. In der Hauptverhandlung nahm sich die Richterin den ältesten der Gruppe als ersten Zeugen vor:

»Du bist ein Sechzger, gell?«

»Logo, hey!«

»Und der Angeklagte ist auch ein Sechzger, oder?«

»Logo, hey!«

»Ihr seid alle Sechzger, oder?«

»Logo, hey!«

»Und ihr haltet zusammen, gell?«

»Logo, hey!«

»Durch dick und dünn?«

»Logo, hey!«

»Für einen anderen Sechzger würdest du alles machen!?«

»Logo, hey!«

»Auch eine Falschaussage vor Gericht!?«

»Logo, hey!«

Statussymbole

WIR POLITIKER TREIBEN jede Menge Aufwand, damit uns niemand für normal hält. Sonst könnte ja jeder daherkommen und meinen, wir seien auch nur Menschen wie du und ich.

Nehmen wir zum Beispiel ein Bierzelt. Da kann ein Politiker niemals einfach nur dasein. Da würden die Leute womöglich nur denken: »Aha, der Dings ist auch da!« Wie das schon klingt! Nein, ein Politiker ist nicht einfach da – der zieht ein. Im Triumphmarsch, mit Verspätung, Pauken und Trompeten. Wie einst der Franz Josef und jetzt der Stoiber. Beim Franz Josef war der Triumph größer, beim Stoiber dafür die Verspätung. Da reißt's dann alle vom Hocker. Und es heißt nicht, »Aha, der Dings ist auch da.« Sondern, voller Ungeduld und Ehrfurcht: »Uuiii, jetzt kommt ER!«

Aber man kann leider nicht immer eine

Blaskapelle bei der Hand haben, die den Defiliermarsch spielt, wenn man reinkommt. Für den grauen Alltag, gewissermaßen für die 24-Stundenpflege des bedürftigen Selbstbewußtseins, gibt es die Bodygards. Die umhüllen jeden Langweiler im Kabinettsrang mit einer Aura imposanter Wichtigkeit, wenn die Dienstwaffen die Jacketts ausbeulen, sogar mit dem imaginären Duft bleihaltiger Luft. Die lassen jeden noch so unbekannten Staatssekretär als hochgefährdete Persönlichkeit kurz vor dem *show down* erscheinen.

Daß auch ein Bürgermeister imposanten Sicherheitsaufwand treiben kann, hat mir mein früherer Amtskollege Alain Juppé aus Bordeaux vorgeführt. Er fühlte sich wie ich durch den Rathausjob nicht ganz ausgelastet, hatte aber nicht den Mut, auf Kleinkunstbühnen aufzutreten, weshalb er sich als Premierminister auf die Bühne der nationalen Politik begab, wo er solchen Unfug wie Atombombenversuche machte.

Er kam nach München, um das Endspiel zwischen Girondin Bordeaux und dem FC Bayern um den UEFA-Cup zu sehen. Zu einem Fußballspiel, mehr nicht. Aber der Aufwand: Auf dem Rollfeld stieg er aus seinem Regierungsjet in seinen vorweg nach München verbrachten gepanzerten Peugeot, vorneweg ein Polizeiwagen, ein Begleitfahrzeug und die Motorradeskorte, hinterher der Botschaftswagen, das Protokollauto, noch ein Begleitauto und das Polizei-Schlußfahrzeug.

Also ehrlich: Ich war zutiefst beeindruckt. Bei einem solchen Aufwand und optimalem Begleitschutz stört es dann auch gar nicht mehr, wenn man wie alle anderen Autos auch vor dem Stadion im Riesenstau stecken bleibt. Und ohne einen derartigen ebenso perfekten wie gigantischen Sicherheitsaufwand wüßten Attentäter überhaupt nicht, wo sie in der unüberschaubaren Blechflut unzähliger Fahrzeuge den Politiker suchen sollten!

Vor der Abwahl als Premier hat der perfekte Begleitschutz den Kollegen aus Bordeaux allerdings auch nicht schützen können. Jetzt hat er wahrscheinlich dasselbe Statusproblem wie ich: Mir will keiner was. Als Sicherheitsproblem bin ich eine Nullnummer. Keine Bodyguards zur Hebung des Prestiges. Nicht mal ein

alter Zausel von der Wach- und Schließgesell-
schaft. Gar nichts. Ich muß herumlaufen wie
Krethi und Plethi. Ich kann höchstens am
Wochenende beim Radeln möglichst lange
neben einer Funkstreife herstrampeln, damit
die Leute meinen, ich stünde unter Polizei-
schutz. Aber sobald die mit Blaulicht durch-
startet, geht mir natürlich die Puste aus.

Mein einziges Statussymbol sind eigentlich
die Autogrammkarten. Eine wundervolle Sache, sofern jemand danach fragt. Wenn du im
Biergarten sitzt und eine nette Mutti vorbei-
schaut und ein Autogramm für den kleinen
Michi haben will, ist das einfach ein sattes Ge-
fühl. Natürlich hast du rein zufällig einen kleinen Stapel dabei und schreibst »Für Michi«
drauf. Das ist schon sehr gehaltvoll, wenn der
Dialog mit dem Bürger sogar Schriftform annimmt.

Aber leider habe ich mit Autogrammkarten
auch schon Krisen durchstehen müssen, im
Kulturzentrum am Gasteig zum Beispiel, hinten beim Künstlereingang. Jugendliche lauern
dort mit Poesiealbum den Großen der Musikwelt auf. Mich lassen sie achtlos vorbeigehen.

Da ruft plötzlich ein älterer Schüler der Horde der kleinen Autogrammjäger zu: »Paßt doch auf, den dürft's net auslassen!« Ich strahle schon, zücke einige Autogrammkarten, da folgt der vernichtende Nachsatz: »Das ist doch ein ganz berühmter Geiger!«

Noch deprimierender war's im Olympia-stadion, Zufahrt zum Ehrengastbereich: Ein aufgeweckter Junge will ein Autogramm von mir, weiß auch wirklich, wer ich bin, ver-wechselt mich mit niemand vom FC Bayern, wahrscheinlich, weil ich so sparsam geschaut habe. Er will gleich drei Karten. Einerseits seltsam, andererseits erfreulich. Die Nachfrage steigt offenbar! Dann redet er von seinem Bruder, der will auch drei. Na ja, warum nicht. Aber schon geht's weiter mit Klassen-kameraden, die bräuchten auch welche … Mein Hochgefühl schlägt in Mißtrauen um: »Wie viele willst du denn noch?« Da wird das kleine Kerlchen richtig patzig: »Ja, was moa-nan Sie, wiavui Ude i brauch, bis i oan Klins-mann dafüa krieg!?«

Upgrading

Draussen in der Welt ist es natürlich eine feine Sache, ein bedeutender Zeitgenosse zu sein oder zumindest irrtümlich dafür gehalten zu werden. Das ist mir nirgendwo so bewußt geworden wie in Cincinnati, unserer Schwesterstadt am Ohio River, in der ich mit den gleichen protokollarischen Ehren begrüßt wurde wie der Präsident der Vereinigten Staaten, weil ich ja immerhin der Mann bin, der in München das *world famous beer festival* eröffnet.

Da ist das Protokoll dann nicht von schlechten Eltern: auf dem Flughafen wird man – noch auf dem Rollfeld – vom Gouverneur persönlich abgeholt, steigt in eine endlose schwarze Limousine, wie sie im ganz normalen Leben allenfalls von Mafiabossen benutzt wird, und fährt in Begleitung von Polizisten auf Motorrädern quer durch die Landschaft und dann durch die Stadt.

Während die Delegation der Führungs-
kräfte der Münchner Wirtschaft gelangweilt
eine Ewigkeit, vielleicht sogar eine Dreiviertelstunde auf die Gepäckausgabe wartet und
dann den Bus besteigt, jagt man davon – die
Motorradfahrer der Polizei sperren den querenden Verkehr, bis die schwarze Präsiden-
tenlimousine die Kreuzung passiert hat, dann
holen sie mit Blaulicht und Sirenengeheul
wieder auf, jagen an der Limousine vorbei
und schießen nach vorne, ein paar Kreuzun-
gen weiter, wo sie wiederum den querenden
Verkehr rechtzeitig sperren. So saust man da-
hin – und kommt blitzschnell mitten in die
Stadt, ins Foyer des hinreißenden Art-deco-
Hotels.

Und wissen Sie, was man nach der atemberaubenden Jagd mit Blaulicht und Sirenengeheul dort macht? Ganz einfach: Man wartet
eine Dreiviertelstunde gelangweilt auf den
Bus mit der übrigen Delegation!

Wo man nicht prominent genug ist für eine
Polizeieskorte, gibt es wenigstens ein *upgrading*. Sie wissen nicht, was das ist? Nun, das
wird einem zum Beispiel in Hotels geboten,

wenn man nur als Normalverbraucher gebucht hat, die Hoteldirektion einen aber für eine *very important person* hält und es nicht übers Herz bringt, einen wirklich nur mit fließend warmem und kaltem Wasser abzuspeisen.

Dann kriegt man mehr, als man zahlt. In der Regel ist es in Hotels ja umgekehrt. Wer je in einem Hotel telefoniert hat, weiß, wovon ich rede.

Aber zurück zum *upgrading*. In Tokio wollte ich für meine Münchner Delegation nur Zimmer mit fließend warmem und kaltem Wasser. Aber dank des Oktoberfestes und einer Tokioter Dependance des Hofbräuhauses weiß man dort schon, daß München nicht irgendeine Stadt ist, sondern der Nabel der Welt. Also *upgrading* für das Stadtoberhaupt.

Als der Hoteldiener die Zimmertür öffnete, war ich zunächst eher enttäuscht: Der Raum mit Sideboard und Fernseher war allenfalls mittelgroß, das ersehnte Bett fehlte völlig. Doch dann kam der Clou: Die rückwärtige Tür führte in einen Raum mit Konferenztisch, dann folgte ein Zimmer mit behaglicher Sitzgruppe, dann noch ein Fernsehzimmer, dann der Salon mit verschiedenen Sitzgruppen, schließlich ganz hinten das Schlafzimmer.

Sofort begann mein kleinbürgerliches Hirn, überschlägig auszurechnen, wie viele Mietprozesse ich seinerzeit hätte führen oder wie viele Artikelserien ich noch früher hätte verfassen müssen, um den irrsinnigen Luxus dieser Suite für eine Nacht bezahlen zu können.

Im Konferenzraum präsentierte eine große japanische Porzellanschale frisches Obst, zwei Fernsehgeräte boten jeweils einige Dutzend Programme, in denen freilich nur unverständliches Geschnatter zu vernehmen oder der Ausscheidungskampf fettleibiger Sumo-Ringer zu bewundern war. Auf dem koreanischen Möbelstück, in dem die Minibar verborgen war, standen Whiskey- und Cointreau-Flaschen, um deren Hals ein Messinganhänger hing, in den wiederum meine Unterschrift eingraviert war, die das Presseamt hatte im voraus zufaxen müssen.

»Das glaubt mir zu Hause keiner«, murmelte ich und steckte die Messinganhänger in die Hosentasche. Das war sicher zulässig, denn was sollte die Hoteldirektion sonst schon nach meiner Abreise damit anfangen?

Die Frage, ob ich erst die Melone oder die Ananas anschneiden und zunächst die Whiskey- oder die Cointreau-Flasche öffnen sollte, überforderte mich, ebenso das Fernsehprogramm mit all seinen Sumo-Ringern, die sich wie Ölflecken gleich auf mehreren Kanälen breitmachten.

Um vier Uhr klingelte der Wecker, weil meine Frau Fotos von dampfend auftauenden Thunfischen auf dem Tokioter Fischmarkt machen wollte. Was für ein Quatsch! Ich blieb natürlich in der Suite, um bis zur Frühstückszeit den Luxus zu genießen.

Aber wie? Ich schrieb im Konferenzraum eine Kurzfassung meines Tagesplans in den lederumhüllten Notizblock, um auch dieses Serviceangebot zu nutzen, warf im Fernsehzimmer in jeden Papierkorb ein wenig Altpapier weg, sortierte meine Kleidungsstücke auf den zahlreichen Stuhllehnen des Salons und studierte im Schlafzimmer den Stadtplan. Wie ein Taxameter lief dauernd meine innere Uhr mit, wieviel Geld ich jetzt schon wieder verpraßt hätte, wenn ich das alles hier selber bezahlen müßte. Ich legte im Empfangsraum eine bereitgelegte Richard-Clyderman-CD auf und verfolgte mit einem Auge einen Sumo-Ringkampf im Nebenzimmer, ließ mir ein Bad ein, warf die erlesenen Zigarren, die auf dem Sideboard bereitlagen vorsorglich in den Koffer und stellte entsetzt fest, daß es noch nicht einmal fünf Uhr war. FÜNF UHR!

Bis zum Frühstück mußten also noch mehrere Stunden totgeschlagen werden, und zwar auf äußerst luxuriöse Weise! Der Cointreau und der Whiskey waren um diese Tageszeit natürlich tabu, deshalb machte ich mich an der Ananas in der japanischen Schale im Konferenzraum zu schaffen, zersäbelte sie in kleine Stückchen und sammelte diese dann im silbernen Sektkübel aus dem Salon, um sie den Delegationsmitgliedern als kleine Aufmerksamkeit aus der Luxussuite zum Frühstück mitzubringen – das würde den Sozialneid der Pauschalreisenden sicher in erträglichen Grenzen halten. Trotzdem hatte der Gedanke an die anderen Delegationsmitglieder nichts Versöhnliches an sich. Die schliefen alle sicherlich fest um diese Zeit, schnarchten womöglich lautstark in ihren einfachen Zimmern mit fließend warmem und kaltem Wasser und träumten vom süßen Leben in einer Luxussuite, während ich rastlos herumtigern mußte, um den real existierenden Luxus preisbewußt zu nutzen und sozialverträglich zu gestalten …

Doch die Qualen von Tokio waren nichts neben Bayreuth! Kennen Sie Bayreuth? Nein? Seien Sie froh. Ich mußte hin. Nein, nein, nicht wegen der Festspiele, sondern wegen des Bayerischen Städtetags. Schon um den Kollegen die dramatische Finanznot der Landeshauptstadt zu demonstrieren, hatte ich nur ein bescheidenes Zimmer mit fließend kaltem und warmem Wasser gebucht. Mehr nicht. Aber das ist nicht so einfach. Der »Bayerische Hof« hat nur genügend Platz für Bayerns Stadtoberhäupter, wenn er sämtliche Räume nutzt, auch die Suite über den Dächern Bayreuths, jene Suite, die nach ihrem prominentesten Gast während der Festspiele schlicht »Pavarotti-Suite« genannt wird. Wer soll dort einziehen, wenn sämtliche Städte ausdrücklich

53

nur bescheidene Zimmer gebucht haben? Da muß natürlich die Landeshauptstadt herhalten.

Verglichen mit Tokio war die Suite eher bescheiden. Keine Skyline, nur ein Blick auf den Taxistandplatz und den Wienerwald vorm Bahnhof. Im Salon nur Äpfel und Birnen, weder Melone noch Ananas. Im Fernsehzimmer keine fettleibigen Sumo-Ringer, nur der magere Stoiber im Bayerischen Fernsehen. Und im WC nur eine Duschecke, nicht einmal eine Wanne. Matte Sache, diese Suite.

Aber am nächsten Morgen! Die atemberaubende Entdeckung! Vom Schlafzimmer aus führte eine Tür in einen weiteren Raum, was sage ich: in eine Halle! Inmitten des lichtdurchfluteten Riesenraums war im Boden ein kreisrundes Becken eingelassen, das jedem Superstar samt Gespielinnen ausreichend Platz für neckische Wasserspiele bot. Und was sah ich an der gegenüberliegenden Wand? Einen schnauzbärtigen Nackedei, der mit seinen Händen rasch jene schützende Haltung einnahm, die wir von Abwehrspielern bei Strafstößen kennen. Ich stieg die Stufen hinab ins riesige Bassin und öffnete die Messinghähne. »Das kann ja Stunden dauern«, brummelte ich morgenmufflig und warf einen ungeduldigen Blick zur Decke hinauf. Und was sah ich dort? Da oben hing wie ein betagter Barockengel von der letzten Weihnachtsdekoration – richtig! – der Münchner Oberbürgermeister. Und zwar vollständiger, als es vielleicht vorteilhaft gewesen wäre.

So ist das in dieser Spiegelhalle: Verschämt werfen Sie einen Blick zurück – und was sehen Sie da? Wieder sich selber! Diesmal von hinten. Und dann von vorn. Und dann wieder von hinten. Perspektivisch verkleinert. Aber immer derselbe.

Ein eingeschüchterter Blick zur Seite. Sie ahnen schon, was man da zu sehen bekommt. Aber diesmal im Profil. Erst von rechts, dann von links, perspektivisch verkleinert, aber immer derselbe.

Und auf der anderen Seite auch, halt bloß von der anderen Seite und dann von der einen und dann wieder von der anderen und so fort.

»Großer Gott!« rufen Sie aus und blicken nach oben, aber da hängen immer noch Sie

selber, lächerlich umspült von steigendem Ba-
dewasser und umstellt von Ganzkörperpor-
träts aus allen erdenklichen Richtungen.

Ich will ja nicht angeben, aber bei mir ging
es ja noch. Schließlich kenne ich das von
Preisverleihungen und anderen Fototermi-
nen, daß man unnatürlich lange den Bauch
einziehen muß.

Aber ich bitte Sie: Pavarotti!!!

Da muß es ja zugehen wie an einer Wasser-
stelle, die von einer Elefantenherde heimge-
sucht wird.

Das Leben der drei Tenöre, so dachte ich in
Bayreuth, ist auch nicht immer ganz einfach.
Oder ist es im Gegenteil so, daß Pavarotti zum
Himmel und nach Süden und nach Norden
und nach Osten und nach Westen blickt und
voller Stolz sagt: »Das bin alles ich!«

Der Bürgerwille

IN DER LETZTEN Stunde, Buben und Mädels, hatten wir den Bürgerwillen durchgenommen. Der Wille des Bürgers, so hatten wir festgestellt, ist von erhabener Schlichtheit und erfrischender Klarheit. Nur die Politiker sind leider zu dumm und zu unfähig, um den klaren Willen der Bürger in die Tat umzusetzen.

An welchem Beispiel hatten wir den Bürgerwillen erörtert, Kevin?

Müll.

Also, bitte ja: ganze Sätze bilden. Am Beispiel der Müllentsorgung. Was stinkt uns Bürgern da am meisten, Susanne?

Der Müll.

Unsinn! Daß die Politiker unfähig sind, unseren klaren Bürgerwillen zu realisieren. Das führt dann – wozu? Susanne?

Zu Müllbergen.

Quatsch! Zur Politikverdrossenheit! Und worüber sind wir alle verdrossen, Mike?

Daß die Politiker unseren Willen nicht einmal zur Kenntnis nehmen.

Sehr gut! Alle Bürger haben klare Vorstellungen, wo man den Müll entsorgen sollte, also einsammeln, sortieren, kompostieren, schreddern, verbrennen oder deponieren. Was sagen zum Beispiel der Bürger der Innenstadt, Stefanie?

Daß draußen genug Platz ist, sollen sie doch den Dreck da abladen.

Richtig. Und was sagen die Bürger draußen, Sabrina?

Daß die Münchner ihren Dreck selber wegmachen sollen auf dem eigenen Stadtgebiet, statt das Umland zu verschandeln.

Ausgezeichnet. Und was sagt der Bürger im Norden, sowohl innerhalb als auch außerhalb der Stadtgrenze? Andi?

Weiß nich.

Na, komm, Andi, was werden sie wohl sagen im Norden?

Na ja, ab in den Süden!

Im Ergebnis richtig, aber die Begründung

fehlt mir. Der Bürgerwille hat immer eine sachliche Begründung.

Na ja, weil der Norden eh schon so viele Nachteile hat und der Süden eben nicht.

Richtig. Im Norden verweist man auf die vielen ohnehin schon bestehenden Umweltlasten vom Müllberg bis zur Klärschlammreinigung, während der Süden eindeutig privilegiert sei. Und wie lautet der Bürgerwille im Süden, Nadine?

Daß man privilegiert bleiben will.

Das ist wieder im Ergebnis richtig, hört sich aber nicht gut an. Der Bürgerwille stützt sich immer auf die Grundwerte der Französischen Revolution: Freiheit, Gleichheit, Brüderlichkeit! Wie sagt man also im Süden der Stadt? Susanne?

Die Brüder im Norden sollen auch was von unserem Müll haben.

Quatsch! Du kapierst aber auch wirklich gar nichts. Im Süden lautet der Bürgerwille: Unsere Gartenstädte sind die grüne Lunge der ganzen Stadt, ein Erholungsgebiet für Millionen, da wäre es doch ein Verbrechen, in so einer intakten Landschaft eine Sortieranlage aufzustellen, wo es doch um den Norden eh nicht mehr schad ist!

Kommen wir endlich zum Westen. Was will der Bürger da? Max?

Daß der Müll in den Osten kommt.

Ja. Und warum?

Wegen dem Westwind.

Und warum das? Laß dir doch nicht jedes Wort aus der Nase ziehen!

Weil der Westwind, wenn eine Kompostieranlage oder eine Deponie oder so was im Westen angesiedelt wäre, den Gestank in die ganze Stadt tragen würde.

Na Bravo. Und jetzt der Bürgerwille im Osten, Max?

Der Bürger im Osten verweist auf den häufigen Ostwind und erklärt, daß es ein Schildbürgerstreich wäre, zum Beispiel Kompostieranlagen im Osten zu errichten, wo doch dann der Ostwind den ganzen Gestank ...

Fabelhaft. Wir stellen also fest: Überall in der Stadt, drinnen und draußen, im Norden wie im Süden, im Osten wie im Westen haben die Bürger ganz klare Vorstellungen, wo der Müll entsorgt werden sollte – nur unsere Politiker im Rathaus sind einfach nicht willens oder nicht in der Lage, dem Bürgerwillen Rechnung zu tragen!

Nun behandeln wir ein etwas schwierigeres Thema: Der Bürgerwille und der Containerstandplatz. Was werfen wir in den Container, Mike?

Müll.

Eben nicht. Der Müll kommt in die Restmülltonne. Nur der Müll, der kein Müll ist, kommt in den Container, dieser Müll ist nämlich ein Wertstoff, Glas zum Beispiel oder Aludosen oder Altpapier. Wo wünscht sich der Bürger seinen Containerstandplatz? Nadine?

Möglichst nahe, weil jeder seine Abfälle, ich meine, seine Wertstoffe, möglichst bequem und umweltfreundlich zu Fuß zum Container bringen möchte.

Richtig. Das versteht jeder. So halten wir als erstes Zwischenergebnis schon mal fest: Jeder Containerstandplatz, der dem Bürgerwillen entsprechen soll, darf von jeder Wohnung höchstens 50 Meter entfernt sein, damit er bequem erreichbar ist. Nun haben die Bürger aber auch Probleme mit den Containern. Kevin! Welche Probleme?

Es scheppert.

Also bitte. Ganze Sätze!

Na ja, es scheppert halt, wenn da während der Mittagsruhe oder mitten in der Nacht Flaschen reingeworfen werden.

Stimmt. Und deshalb haben die Bürger noch eine zweite Forderung: Jeder Containerstandplatz muß von jeder Wohnung mindestens 500 Meter entfernt sein, damit man nicht pausenlos aus dem Mittagsschlaf oder gar der Nachtruhe gerissen wird.

Damit sind wir bei der ersten Hausaufgabe für morgen: Suche für das Duale System Deutschland auf dem Münchner Stadtplan 1000 Standorte für Container, die diese beiden Forderungen für alle Münchner Bürger erfüllen. Wer nicht auf den Kopf gefallen ist, so wie unsere Politiker, der schafft das spielend!

Basisarbeit

ES DÄMMERTE SCHON. Eilige Hausfrauen machten letzte Besorgungen, immer mehr Berufstätige kamen nach Hause, in immer mehr Wohnungen gingen die Lichter an. Der Obstverkäufer an der Ecke verkaufte die letzten Äpfel und schob dann seinen Karren weg. Der Berufsverkehr verstummte. Endlich Feierabend.

Nur im hellerleuchteten Bürgerbüro der SPD, einem umgewandelten Ladengeschäft, war noch reges Leben. Durchs große Schaufenster sah man als Passant zwei junge Leute am Schreibtisch ins Gespräch vertieft, im Nebenraum tagte ein munterer Kreis.

Da geschah es, urplötzlich, in der Stille der Dämmerung: Ohne jede Vorwarnung, ohne erkennbaren Anlaß trat ein fremder Mensch ins Büro. Die engagierten Mitglieder sahen sich betroffen an: Was hatte das zu bedeuten?

Was mochte da wohl dahinterstecken? Die erfahrenen Funktionäre im Nebenraum, gewitzt durch jahrelange Arbeit an Info-Ständen, hatten für solche unverhofften Herausforderungen ihre Sozialtechniken gelernt, beugten sich also am großen Tisch noch enger zusammen und hielten dem Eindringling den Rücken entgegen. Die zwei jüngeren Repräsentanten am Schreibtisch aber hat es kalt erwischt, sie starrten den überraschenden Besuch an und fragten nach der Schrecksekunde: »Und was wollen Sie hier?« Weil das doch etwas bürgerfern klang, schob der andere nach: »Grüß Gott übrigens.«

»Ja, Grüß Gott«, fühlte sich der Besucher herzlich angenommen, »ich komme ja oft hier vorbei und sehe, wie hier diskutiert und gearbeitet wird. Alles ehrenamtlich, wirklich respektabel. Ich wollte ja lange schon reinschauen, aber dann hat man immer anderes im Kopf, Sie kennen das. Aber jetzt ist es soweit: Ich möchte Mitglied werden!«

»Wo?« rutschte es dem jungen Genossen am Schreibtisch heraus, aber der andere wenigstens begriff sofort: »Im Ernst: Sie wollen der SPD beitreten?« Der Besucher wiederholte es nochmals, diesmal etwas lauter und fast schon feierlich, damit auch die ganze Runde im Nebenraum das erfreuliche Ereignis mitbekam: »Jawohl. Ich möchte Mitglied bei der SPD werden!«

Tatsächlich hatten es alle gehört, und jetzt konnte man den Eindringling nicht mehr einfach ignorieren, indem man die Köpfe zusammensteckte und Terminabsprachen nochmals bekräftigte; das funktionierte zwar immer in der Fußgängerzone, hier im geschlossenen Raum war man dem Dialogwunsch aber doch allzu unmittelbar ausgesetzt. Also erhob sich der Kreisverbandsvorsitzende: »Wieso das denn? Unser Kreisverband steht der bundespolitischen Entwicklung der Partei äußerst skeptisch gegenüber. Da wäre eine Beitrittswelle womöglich das falsche Signal ...«

In solch komplizierte Interna wollte sich der Besucher nicht hineinstürzen. »Über die aktuellen Richtungsfragen bin ich nicht so unterrichtet. Ich zahle ja auch gar nicht so viel Steuern, daß mich das groß interessieren müßte. Für mich ist die SPD einfach die Partei des Friedens.« Damit hatte er aber wieder in ein Wespennest gestochen. Ein bislang eher phlegmatisch wirkender 68er, der eine stattliche Halbglatze mit einem ebenso stattlichen Vollbart kompensierte und schon seit vielen Jahren den Arbeitskreis Geschichte leitete, sprang auf: »Das darf doch nicht wahr sein! Was haben Sie denn für ein Geschichtsbewußtsein!? Partei des Friedens!? Diesen Ruf hat die SPD doch schon mit der Bewilligung der Kriegskredite verloren. Oder denken Sie wenigstens an den NATO-Doppelbeschluß unter Helmut Schmidt. Partei des Friedens, daß ich nicht lache ...« »Welche Kriegskredite denn?« murmelte der nun doch etwas verunsicherte Besucher, »wer verlangt denn Kriegskredite?« »Na gut«, willigte der Leiter des Arbeitskreises Geschichte ein, »vergessen wir die Kriegskredite, obwohl sie schon typisch sind für die SPD, aber was ist jetzt mit den NATO-Einsätzen *out of area*?«

»Außenpolitisch«, suchte sich der Besucher zu rechtfertigen, »bin ich nicht so bewandert wie Sie, es geht mir auch mehr ums Innenpolitische, um die Reformpolitik zum Beispiel.«

Der Leiter des Arbeitskreises Geschichte lehnte sich zurück, zwirbelte seinen Bart und schüttelte den Kopf, dafür sprang die stellvertretende Kreisverbandsvorsitzende, jetzt wirklich erregt, vom Stuhl auf: »Wo sehen Sie denn Reformen? Ich sehe keine! Gerade in der Frauenpolitik wurden wir doch um Jahre zurückgeworfen. Ein paar Alibifrauen, mehr nicht.« »Vielleicht haben Sie recht«, lenkte der Besucher jetzt ein, »sehr viele Reformen würden mir jetzt auch nicht einfallen. Aber Sie sind ja auch erst einige Monate an der Regierung!« »Das«, beschied ihn der Vorsitzende der Jungsozialisten knapp und streng, »ist keine Entschuldigung!«

»Na ja«, resignierte der Fremde jetzt endlich, »vielleicht haben Sie alle ja recht. Ich hatte halt nur gedacht, daß man die SPD unterstützen sollte, entschuldigen Sie, meine Damen, meine Herren, und mir gefiel halt, wie Sie hier abends ehrenamtlich ... Aber es ist schon gut. Einen schönen Abend noch!«

Als die Glastür ins Schloß gefallen war, fand der Leiter des Arbeitskreises Geschichte seine Sprache wieder: »So etwas Naives ist mir doch wirklich schon lange nicht mehr untergekommen!« Und das für die Neumitgliederbetreuung zuständige Vorstandsmitglied, mit dem Verlauf des Besuches nicht ganz so glücklich, atmete nach einem Blick in die Schreibtischschublade auf: »Wir hätten übrigens sowieso keine Beitrittsformulare gehabt!«

Nur der Kreisverbandsvorsitzende zog zum Schluß der Sitzung – man mußte noch über das Defizit eines Mitgliederwerbeabends und über die Finanzierung des nächsten Bürgerfestes beraten – eine bittere Bilanz: »Es ist im Grunde genommen schon zum Verzweifeln. Da opfern wir unsere Freizeit für die Parteiarbeit, kommen abends nicht nach Hause, riskieren unsere Ehen, arbeiten als kompletter Vorstand im Bürgerbüro – und dann gibt es kein einziges Neumitglied!«

Die Friedenstaube

DIE REAL EXISTIERENDE Taube, die dauernd gurrt, ständig nervt, Dachrinnen mit Nestbauten verstopft und Reiterstandbilder ebenso wie Fassadenheilige unter zersetzendem Kot begräbt, hat wenig gemein mit der grandiosen Friedenstaube, wie sie von Picasso und Magritte gemalt wurde, majestätisch die Flügel ausbreitet und vom Weltfrieden kündet. Trotzdem schätze ich gerade die real existierende gemeine Stadttaube mit all ihren abgründigen Eigenschaften und Aktivitäten als Schutzengel und Friedensstifterin, jedenfalls für mich. Aber das ist eine längere Geschichte.

Nur wirklich große Seelen wie Gildo Horn oder Erich Mielke haben alle Menschen lieb. Seit ich am laufenden Band Bürgerversammlungen in kahlen Schulturnhallen leiten muß, bevorzuge ich eine etwas differenziertere Betrachtungsweise. Es gibt halt, wie der Bayer zutreffend erkannt hat und zu sagen pflegt, »solche und solche«. Reden wir also nicht von der überwältigenden Mehrheit liebenswürdiger Zeitgenossen, der zweifellos auch die Leserschaft dieses Buches zugeordnet werden darf, sondern ausnahmsweise einmal von der etwas weniger sympathischen Spezies Mensch, die es auch gibt und es trotz ihrer statistischen Bedeutungslosigkeit immer wieder mal schafft, die Redeliste von Bürgerversammlungen zu majorisieren. Dann geht ein Wehklagen ins andere über, Beschwerde reiht sich an Beschwerde, Selbstmitleid an Selbstmitleid, Vorwurf an Vorwurf, und das alles nicht wegen tatsächlicher Ärgernisse, was man ja sofort verstehen würde, sondern wegen unvorstellbarer Nichtigkeiten: Schlaglöcher in den Fahrbahnen entlegenster Erschließungsstraßen werden zu Mondkratern hochstilisiert, die ganze Fahrzeugflotten verschlingen könnten. Wenn die lieben Kleinen ihre Schulbücher verschmiert oder zerfetzt haben, wird die Bildungskatastrophe und der Niedergang des Standorts Deutschland an die Wand gemalt, verursacht natürlich von der Stadtverwaltung, die nicht oft genug neue Bücher zum alsbaldigen Verschleiß zur Verfügung stellt. Ist irgendwo ein Fahrrad umgefallen, wird die flächendeckende Versorgung des Stadtbezirks mit Fahrradständern beantragt …

Nun höre ich mir das ja durchaus gerne einmal an. Haben Sie mich richtig verstanden? EINMAL, habe ich gesagt? Aber sechzehnmal? Vielleicht gar dreiundzwanzigmal? An einem Abend? Bei herrlichem Biergartenwetter? Da hat man dann die Beschwerdeführer eines Tages nicht mehr so lieb, wie es sich bei einem bürgernahen Amtsverständnis geziemen würde. Und man hat nur noch einen Wunsch: Weg hier!

Im nächsten Jahr steigert sich der Wunsch zum heißen Begehren, wenn alle wohlbekannten sowie zusätzliche neue Beschwerden wieder mehrfach vorgetragen werden: WEG HIER!

Doch das schlimmste an Bürgerversammlungen ist, daß sie auch nach dem Ende immer noch nicht aufhören. Kaum habe ich allen für ihre wertvollen Anregungen gedankt und einen guten Heimweg gewünscht, prescht die bewährte Eliteeinheit der Beschwerdeführer vor zum Vorstandstisch und umzingelt mich, um persönliche Anliegen vorzutragen. Also: Der Onkel der Ehefrau, die heute abend leider nicht da sein kann, weil das Kind Durchfall hat, die aber alles mit Unterlagen beweisen könnte, wohnt seit dreißig Jahren in der Hinterwaldstraße – kennen Sie die? Nein? Ist ja auch egal – und hat dort, also der Onkel, der übrigens auch schon seit mehr als dreißig Jahren (so lange wohnt er in der Hinterwaldstraße) brav seine Steuern zahlt, hat dort, weil das Häuschen eigentlich doch zu klein ist, das Dach ausgebaut, nur so ein kleines Studio, weil er eine große Plattensammlung hat, fast alles aus den fünfziger Jahren, da können Sie gerne einmal kommen und sich das anhören ...

Da reißt mich plötzlich eine schneidende Stimme aus den abschweifenden Gedanken an den unwiderruflich versäumten Biergartenabend: »Der Schmarren interessiert doch den OB nicht!« Da stand als zweite in der Schlange eine erregte Frau mit einem Bündel Briefen des Wohnungsamts, das doch tatsächlich der

Meinung ist, ihr Sohn, der demnächst heirate, könne keine Sozialwohnung beanspruchen, da er die Einkommensgrenzen überschreite …

»Lassen Sie mich doch meinen Fall zu Ende bringen«, wehrt sich der erste Beschwerdeführer gegen diesen Überrumpelungsversuch und schildert genüßlich die Reize der Dachgauben des Mansardenstudios, an dem die engherzige Lokalbaukommission Anstoß genommen hat. Damit ihr der schon hergestellte Kontakt zur vorgesetzten Stelle nicht wieder entgleitet, zupft mich die zweite Beschwerdeführerin am Ärmel. So macht man das, denkt sich offenbar der dritte in der Reihe, sucht unverzüglich ebenfalls Körperkontakt und legt mir seine rechte Hand gebieterisch auf die Schulter: »Ich brauche Sie nur ganz kurz.«

Insgesamt umstellt mich ein Dutzend. Jeder Rückzug ist verbaut, es scheint kein Entrinnen zu geben. Für jeden Laien wäre die Lage aussichtslos. Aber nicht für einen eiskalten Profi! Ein umzingelter Profi ruft einfach seinen Schutzengel an und bittet ihn um freien Abzug und friedliches Geleit.

»Ihre Probleme sind äußerst schwierig«, be-
scheinige ich allen Wegelagerern, »beinahe
wie die Taubenplage!« Das reicht! Das Zau-
berwort tut sofort seine Wirkung. Kaum an-
gefleht, breitet der Schutzengel seine Flügel
aus und kommt herniedergeschwebt, um die
Geister der Widersacher zu verwirren; flugs
macht die gemeine, dauernd gurrende, stets
nervende, unermüdlich kackende Münchner
Stadttaube den Rückweg frei.

Mein Gesprächspartner vergißt die Dachgauben des Onkels seiner Frau und fragt mich,
warum die Stadt nicht endlich etwas gegen
diese eben erwähnten »Ratten der Lüfte« un-
ternehme. Ein Skandal sei es, was da an Unrat
und Gift auf die Stadt herniedergehe ... »Was
heißt hier Taubenplage?« will hingegen die
Dame wissen, die alle Kuverts vom Woh-
nungsamt zu einem Zeigestab zusammenge-
knüllt hat, mit dem sie jetzt in der Luft her-
umfuchtelt: »Tauben sind die liebsten Tiere
überhaupt und würden niemandem etwas zuleide tun, während der Mensch so kaltherzig
sein kann, einem heiratswilligen Paar keine
Sozialwohnung zu geben.« Der dritte Redner

wirft kurz ein, daß jede Taube im Jahr zwölf Kilo ätzenden Kot hinterläßt, gar nicht zu reden von den Krankheitserregern. Eine Stimme aus der Tiefe der Turnhalle fügt hinzu, daß ein heiratswilliges Paar vielleicht einmal ein Kind bekomme, das sicher nicht von Taubenkot vergiftet werden wolle.

Da weiß ein anderer, daß Hundekot auf Kinderspielplätzen ein viel gravierenderes Problem ist, was sofort sämtliche Hundehalter auf den Plan ruft. Hunde sind oft die einzige Ansprache, die ein alter Mensch hat, da ist es eine Unverschämtheit, daß die Stadt auch noch Hundesteuer verlangt, wo es doch die Zamperl sind, die München erst liebenswert machen. Liebenswert nennen Sie den Hunde-kot in Sandspielkästen? Ach was, die müßte viel höher sein, wo doch jeder Zuhälter mit fünf Kampfhunden herumläuft. Interessant, in welchen Kreisen Sie sich bewegen! Sie, das sagen Sie nicht noch einmal! Worum gehts hier überhaupt? Erst um Taubenmist, aber jetzt um Hundekot. Aha, daher die Leiden-schaft. Aber Sie würden nicht so dumm da-herreden, wenn Ihr Kind von einem Kampfhund gebissen worden wäre! Wissen Sie überhaupt, wie viele Menschen von einem Hund gerettet worden sind, von Lawinenhunden zum Beispiel? Aber gegen den Hundekot müßte man schon etwas tun. In Singapur kostet es eine Unmenge, wenn man die Straße verunreinigt. Aber das ist doch unsozial. Da haben Sie auch wieder recht. Vielleicht sollte man den Hundehaltern Tüten mitgeben ... Aber das macht doch keiner. Sie, das stimmt nicht. Ich kenne einen, der das schon machen würde – aber natürlich nur, wenn es Pflicht wäre ...

So wechseln die Worte, so fliegen die Argumente, so halten sich Taubenliebhaber und Taubenhasser, Hundehalter und Hundekotkritiker in zähem Ringen die Waage – und keiner hat gemerkt, daß ich derweil die Unterlagen zusammengepackt und ungehindert die Turnhalle verlassen habe.

Wieder einmal hat mir die gemeine Münchner Stadttaube – was heißt da gemein? Ich finde sie zauberhaft und hilfreich! – zum friedlichen Rückzug verholfen.

Wenn ich gegen Mitternacht die nach dem

versäumten Biergartenabend bereits abge-
kühlte Nachtluft einatme und einen glückli-
chen Augenblick lang die sternklare Stille des
Schulhofs genieße, frage ich mich natürlich
schon, ob Politik den Charakter verdirbt.
Aber diese Entschuldigung für den Mißbrauch
der unschuldigen Taube, die keinem Wesen
etwas zuleide tun könnte, wäre wohl zu einfach. Wahrscheinlich war ich schon vorher ein
schlechter Mensch.

Der Rat der Experten

»HASTE MAL 'NEN Müll für mich?«

»Wie bitte?«

»Ja, Müll. Dreck halt. Abfall. Fällt doch eigentlich immer an. Sogar täglich. Da muß doch ein bißchen übrig sein für uns.«

So geht das jetzt schon seit Monaten. Einfach deprimierend. Da hat man sich allen Ernstes eingebildet, Stadtoberhaupt der Landeshauptstadt sei irgendwie auch etwas, und jetzt bettelt man die Landräte des Umlands an, ob sie ein paar schön gefüllte Müllsäcke übrig haben, versucht sogar schon, Bürgermeister aus der finstersten Provinz anzuhauen, ob sie nicht ein Erbarmen haben mit der Hauptstadt. Manchmal klappt's ja, bei den Starnbergern zum Beispiel oder bei den Passauern und ihrer Umgebung im Bayerischen Wald. Aber sonst geht wenig. Der Markt ist leergefegt. Schlechte Zeiten, kein Dreck weit und breit.

Zu allem Unglück ist auch noch Ebersberg abgesprungen, verbrennt jetzt in Ingolstadt. Und Nürnberg baut eine eigene Anlage. Aus der Traum vom Müll aus der Frankenmetropole. So muß ich weiter herumziehen bei schwäbischen Landräten und niederbayerischen Bürgermeistern: »Hey, Kollege, haste mal 'nen Müll für mich?«

Daß es so weit kommen konnte, ist ausschließlich dem Rat der Experten zu danken. Deshalb zucke ich neuerdings zusammen, wenn irgendwo eine typisch deutsche Diskussion tiefschürfend wird und einer dann sagt: »Man sollte viel mehr auf die Experten hören, am besten gleich Sachverständige und Wissenschaftler selber entscheiden lassen!« »Macht, was ihr wollt«, denke ich dann, »bloß das nicht.« Ich bin da ein gebranntes Kind – wegen der Müllverbrennung.

In den achtziger Jahren haben die Experten mit streng wissenschaftlichen Expertisen und Prognosen vorhergesagt, daß jeder Haushalt täglich mehr Müll produziert, daß die Aschentonnenhäuschen überquellen werden und bald schon niemand mehr die verstopften

Hinterhöfe leeren kann, daß wir bald unter der Abfallawine ersticken, in der Müllflut ersaufen, vor lauter Müllhalden und Müllbergen rund um die Stadt bald die Alpen nicht mehr sehen. »Die Abfallmenge steigt ständig und wird unsere Zivilisation unter sich begraben«, sagten die apokalyptischen Prognosen der Wissenschaftler, und jeder verängstigte Politiker sah schon vor seinem geistigen Auge dort, wo einst die königliche Residenzstadt München war, nur noch die beiden welschen Hauben der Frauentürme aus der Müllflut herausragen ... So wurden, dem Expertenrat folgend, gigantische Verbrennungskapazitäten nachgerüstet und ausgebaut, für Unsummen natürlich, die die Müllgebühren sprunghaft in die Höhe schnellen ließen. Derweil rieten die Experten dem Bundestag, auch die Verbrennung in Zementwerken und das Deponieren in den neuen Ländern zu gestatten, was ja auch viel billiger ist.

Zur Abwendung der Apokalypse sortiert das Volk brav seinen Müll, man recycelt, was man kann, die Städte sitzen auf ihren sündteuren Überkapazitäten, und Nürnberg baut eine neue Verbrennungsanlage dazu. Lachen Sie bitte nicht über den dortigen Stadtrat: Er folgte dem Rat der Experten. Diesmal waren sogar Arbeitsmarktexperten dabei. Überkapazitäten auszubauen schafft nämlich auch Arbeitsplätze! Statt Müllberge zu erklimmen und die Abfallflut zu durchwaten, wie es die Experten vorhergesagt hatten, ziehe ich im Land umher und bettele Kollegen an: »Haste mal 'nen Müll für mich?« Die Experten lassen sich derweil nicht mehr blicken, künden aber in anderen Städten von unaufhaltsam wachsenden Müllbergen und planen weitere Verbrennungsanlagen.

Ein Einzelfall, meinen Sie? Wie war's denn bitte beim Strom? Nur mit Schaudern erinnere ich mich an meine ersten Gespräche mit den Experten der Stromindustrie, mit den Heerscharen ihrer Gutachter und Professoren. »In Deutschland gehen die Lichter aus«, haben sie gesagt, »wenn wir nicht weitere Atomkraftwerke bauen.«

In streng wissenschaftlichen Szenarien haben sie dargelegt, daß wir ohne zusätzliche Kernkraftwerke bald frierend im Finstern hocken werden, ohne Heizung und ohne Licht, höchstens die Begüterten mit einer Petroleumfunzel. Zurück in die Steinzeit!

Und dann haben sie noch einen Satz hinzugefügt, den ich nie verstanden habe: »Der Strom kommt nicht aus der Steckdose.« Ich habe es im Selbstversuch ausprobiert: bei uns zu Hause kommt er schon aus der Steckdose! Aber was hat das mit den Atomkraftwerken zu tun?

Nach dem Fall der Mauer sind die Experten noch aufdringlicher geworden: »Gerade jetzt sind Kernkraftwerke wichtiger, notwendiger, wertvoller denn je! Schauen Sie nur in den Osten! Die Marktwirtschaft wird neue Industrien aufblühen lassen mit einem riesigen Energiebedarf! Das Volk bekommt Kühlschränke, Waschmaschinen, Fernsehgeräte – und braucht mehr Strom! Und die eigenen Anlagen, diese klapprigen Mühlen, die kann man doch vergessen!« So redeten sie, die Experten. Und jetzt? Dieselben Experten, Hochschulprofessoren und Wirtschaftskapitäne, zucken mit den Achseln und sagen, daß im Osten halt alles außer den Kernkraftwerken zusammengebrochen sei, weshalb es unglaubliche Überkapazitäten an Billigstrom gebe. »Keine Industrie, kein Konsum, nur alte Kraftwerke.« Deshalb solle die Stadt München bloß nicht glauben, sie könne ihren Anteil an einem Kernkraftwerk derzeit verkaufen … »Du liebe Zeit, wer will denn so was haben!?«

Wir schlichten »Entscheidungsträger« wissen offen gesagt auch nicht, was die Zukunft bringt. Wir haben da nur so ein paar Vermutungen. Aber völlig falsche Prognosen bringen wir nicht zustande. Dafür gibt es Experten.

Jetzt höre ich schon wieder eindeutige Prognosen von Experten: Es ist wissenschaftlich erwiesen, daß immer mehr Menschen immer mehr fliegen werden, unwiderlegbaren Prognosen zufolge werden die Fluggäste laufend zunehmen, die Zahl der Urlaubsflüge wird explodieren, die der Geschäftsreisen sowieso, ganz zu schweigen vom Frachtgut, immer mehr Flugzeuge werden immer öfter fliegen, die Zahl der Flugbewegungen wird alles in den Schatten stellen, bis die Unmenge der Flugzeuge endlich den Himmel verdunkelt.

Da fällt mir ein: Ich habe da einen sehr günstigen Flughafenanteil an der Hand, 23 Prozent an einer internationalen Verkehrsdrehscheibe, eine todsichere Anlage, sage ich Ihnen, das dynamische Wachstum ist unaufhaltsam, sagen die Experten – wie bei den Müllmengen und beim Strombedarf ...

Verwaltungsreform

EIGENTLICH WAR ES ja ein schlechter Witz, daß es so etwas überhaupt gab: Ein städtisches »Amt für überflüssige Verwaltungstätigkeiten«. Aber was hatte die Verwaltung in den Jahrhunderten ihres Seins und Werdens und Immer-größer-Werdens nicht schon alles hervorgebracht! Da konnte sich dann auch das »Amt für überflüssige Verwaltungstätigkeiten« recht gut sehen lassen.

Die Ursprünge dieses Amtes liegen übrigens wie die meisten Eigentümlichkeiten öffentlicher Verwaltung im dunkeln und sind deshalb immer wieder Gegenstand wissenschaftlicher Dispute und wechselseitiger Parteipolemik. Während die allgemeine Verwaltungslehre dieses Amt als Fehlentwicklung der Neuzeit darzustellen versucht, erkennen moderne Organisationssoziologen in diesem Amt die Keimzelle, aus der sämtliche Ämter hervorgegangen seien. Die CSU behauptet hartnäckig, dieses Amt sei in Zeiten absoluter SPD-Mehrheit gegründet worden, um verdienten Parteibuchbesitzern, die ansonsten nirgendwo unterzubringen gewesen seien, eine soziale Hängematte zu bieten. Die SPD kontert ebenso regelmäßig in gereiztem Ton, die CSU wolle mit ihrer Geschichtsfälschung nur von der peinlichen Tatsache ablenken, daß das Amt erst unter dem einstigen Oberbürgermeister der CSU zu seinen heutigen Dimensionen aufgebläht worden sei, weil der nicht nur verdiente Mitstreiter mit bequemen Posten versorgen mußte, sondern auch noch Kritiker mit linker Grundeinstellung kaltstellen wollte. Die FDP schließlich gab beiden recht und forderte gebetsmühlenartig die Privatisierung des Amtes, was zwar den Steuerzahler auch nicht vom Defizit befreit hätte, aber wenigstens dem liberalen Dienststellenleiter die stattlichen Bezüge eines GmbH-Geschäftsführers bescheren würde.

Trotz dieses müßigen Parteienstreits erfreute sich das Amt kontinuierlich wachsender Beliebtheit: Da es überflüssig ist, litt es nie unter den Strapazen des Publikumsverkehrs – und umgekehrt mußte das Publikum dort nie vor dem Schalter Schlange stehen, unverständliche Formblätter entziffern oder unausgeschlafene Sachbearbeiter ertragen. Bei Umfragen nach der beliebtesten Behörde belegte das Amt stets den ersten Platz, und wenn Illustrierte ihre Leser um Beschwerden über Behördenwillkür baten, kam einzig das »Amt für überflüssige Verwaltungstätigkeiten« ungerügt und ungeschoren davon – während beispielsweise die Baubehörde regelmäßig von der Presse in die Pfanne gehauen wurde, weil sie das Bauvorhaben eines Freundes eines Redakteurs zu engherzig oder zu gründlich geprüft oder aber das Bauvorhaben eines Nachbarn eines Freundes eines Redakteurs zu großzügig und zu schnell genehmigt hatte.

Auch bei der städtischen Belegschaft wuchs das Ansehen des »Amtes für überflüssige Verwaltungstätigkeiten« stetig. Der Unmut über die Kollegen, die dort eine ruhige Kugel schieben durften, wich dem Traum, selber dorthin versetzt zu werden, wozu man Verständnis für die besondere Aufgabenstellung dieser Behörde demonstrieren und freundliche Kontakte pflegen mußte. Auch wenn allgemein bekannt war, daß man sich in diesem Amt nicht gerade durch Verwaltungsakte selbst verwirklichen konnte, lockte doch die Aussicht, sich dort einen schönen Lenz zu machen. Als Arbeitsplatzbeschreibung kursierte in den städtischen Kantinen das geflügelte Wort: »Du bist kein Lehrer und hast doch dauernd frei!«

Seine schönste Aufwertung hat das Amt freilich im Stadtrat erfahren, wo der Stadtkämmerer alljährlich aufs neue bei den Haushaltsberatungen den liebenswürdig-hilflosen, allseits mit wohlwollendem Schmunzeln quittierten Versuch unternahm, das »Amt für überflüssige Verwaltungstätigkeiten« auf die Kürzungsliste zu setzen, weil es doch – wie schon der Name sagt – vollkommen überflüssig sei und die Stadt sich so etwas in Zeiten leerer Kassen nicht mehr leisten könne. Diese Attacke war dann regelmäßig der Auftakt zu gewaltigen Verteidigungsritualen: Das Personal erschien komplett auf der Zuschauergalerie – und konnte nicht einmal in seine Amtsstuben zurückgeschickt werden mit dem üblichen Hinweis, dort gebe es Dringendes zu tun. Dann kam die große Stunde der Personalvertretung, deren leidenschaftliches Plädoyer in den Worten gipfelte, man könne doch nicht das Personal dafür verantwortlich machen, daß das Amt nichts zu tun habe, weshalb das Personal ungeschmälert erhalten und wie üblich regelmäßig aufgestockt werden müsse.

Dann erst folgten die Sprecher der Fraktionen. Sie waren zwar alle insgeheim scharfzüngige Kritiker dieser überflüssigen Institution, deren skurrile Existenz man vor Wirtschaftskreisen gerne dem politischen Gegner anlastete, sie hatten aber natürlich auch mitbekommen, daß das Amt wegen seines gigantischen internen Schriftverkehrs mittlerweile über Heerscharen von Schreibkräften und über eine stattliche Registratur und neuerdings auch einen kleinen Fuhrpark mit eigener Werkstatt verfügte, so daß es einfach ein Gebot politischer Klugheit war, diesen beachtlichen Personalkörper nicht vor den Kopf zu stoßen. So attestierte man zwar in einer Eingangsbemerkung dem Kämmerer, daß er seinen Sparvorschlag möglicherweise besten Wissens und Gewissens gemacht habe, holte dann aber aus zum großen Rundum-schlag gegen alle niederträchtigen und ahnungslosen Kritiker des Amtes, die beschä-menderweise immer noch nichts mitbekom-men haben von den Fürsorgepflichten für städtische Mitarbeiter (Beifall auf der Galerie). Vor Stadtratswahlen ließen die Stadträte keine Chance aus, »unserem Amt« – wie es fürsorg-lich genannt wurde – Bestandsgarantien für die kommenden Amtsperioden zuzurufen.

So ging ein Haushaltsjahr nach dem ande-ren ins Land und vor allem in die Stadt, und das »Amt für überflüssige Verwaltungstätig-keiten« konnte trotz schlechter Konjunktur und aller Kosten der Deutschen Einheit wach-sen und gedeihen.

Da zogen plötzlich finstere Wolken auf. Nicht die gewohnten Kürzungsvorschläge des Käm-merers, über die das Personal mit heiterer Gelassenheit hinwegging, nein: bedrohliche Grundsatzbeschlüsse, zu allem Überfluß auch noch einstimmig gefaßt, legten die Axt an, um alles Überflüssige zurückzustutzen, ja gnadenlos auszumerzen. Nie Geschehenes, nie Geahntes sollte ins Werk gesetzt werden. Das Jahrhundertwerk nannte sich Verwaltungsreform.

Alles, was da versteinert und erstarrt war in hierarchischen Strukturen, in behäbigen Gewohnheiten und kameralistischem Unfug, sollte auf einen Schlag wirtschaftlicher, effizienter und sparsamer werden. Wirtschaftlich rechnen und denken, Ressourcen optimal nutzen, Kosten senken und trotzdem den Nutzen aller mehren – das waren die Verheißungen des neuen Zeitalters. Frischen Wind durch die Amtsstuben wehen zu lassen, dabei die Mitarbeiter mit mehr Befugnissen zu motivieren und Millionen und Abermillionen einzusparen – da konnte einfach niemand dagegen sein. Jeder Sachbearbeiter ein cleverer Kaufmann, die ganze Verwaltung ein einziges kundenorientiertes Service-Unternehmen – einfach phantastisch. Vor allem hielt sich hartnäckig das Gerücht, daß alle anderen Städte es auch machen würden, so daß man sich dem Zug der Zeit ohnehin nicht entgegenstemmen könnte. Also gab man frohgemut Millionen und Abermillionen aus für eine völlig neue EDV, die der neuen Sparsamkeit elektronisch den Weg ebnen sollte ...

Nur einige Praktiker, ergraut im redlichen Bemühen, die Verwaltung schlecht und recht auf Vordermann zu bringen, hielten sich raunend zurück: Am Ende werde bei dem ganzen Tamtam mit Organigrammen und Pilotprojekten, Workshops und Seminaren, neuen Leitbildern und Regelwerken auch nicht mehr herauskommen als die vom Kämmerer ohnehin schon seit Jahren geforderte Einsparung des »Amts für überflüssige Verwaltungstätigkeiten«. So redeten sie, die Praktiker. Und zeigten damit doch nur, daß sie überhaupt keine Ahnung von der Verwaltungsreform hatten!

Die Reformarbeit wurde derweil zielstrebig vorangetrieben, ressortübergreifend und interdisziplinär selbstverständlich, mit externer Beratung und wissenschaftlicher Begleitung. Systematisch wurde die gesamte Verwaltung von Hundertschaften der Reformexperten nach Einsparpotentialen durchsucht wie Waldlichtungen von der Bereitschaftspolizei nach Mordspuren. Und wie man fündig wurde! Doppelarbeit hier, lange Entscheidungswege dort, überflüssige Entscheidungsebenen allüberall!

Der Oberbürgermeister war sich schon sicher, daß er diesmal nach dem schwungvollen Anlauf zur Jahrhundertreform nicht bei der Einsparung des »Amtes für überflüssige Verwaltungstätigkeiten« bleiben würde, sondern gelingen könnte, auch anderen heiligen Kühen zu Leibe zu rücken …

Mit Spannung wurde deshalb der erste Zwischenbericht der ressortübergreifenden und interdisziplinären, extern beratenen und wissenschaftlich begleiteten Steuerungsgruppe des Arbeitskreises »Verwaltungsreform« erwartet. »Man kann es drehen und wenden, wie man will«, wand sich der Leiter der Steuerungsgruppe bei der Übergabe des ersten Zwischenberichts, »aber die große Reform der Verwaltung, die wir ja alle wollen und die im Stadtrat auch einstimmig beschlossen wurde, muß mit dem ›Amt für überflüssige Verwaltungstätigkeiten‹ beginnen. Bevor das nicht geschieht, geht eigentlich gar nichts!«

»Aber ich bitte Sie«, brummelte der OB, »das darf doch nicht wahr sein, diese Einsparung verlangt der Kämmerer schon seit Jahr und Tag, und das ohne externe Berater und wissenschaftliche Begleitung, und jetzt präsentieren Sie nach Monaten der Workshops und Seminare mitsamt Ihrer sündteuren neuen EDV nichts weiter als diesen Vorschlag!?«

Der Leiter der Steuerungsgruppe des Arbeitskreises »Verwaltungsreform« begann zu stottern: »Ich habe mich wohl nicht richtig ausgedrückt, also, ich meine, da muß ein Mißverständnis entstanden sein. Also, wie gesagt, es ist nicht einfach zu erklären, unsere Arbeit war überaus erfolgreich, wir waren manchmal selber überrascht, wie wir überall fündig geworden sind, also es ist einfach unglaublich, welchen Reformbedarf die öffentliche Verwaltung hat, das werden wir auch schwungvoll angehen ...«

»Und?« fragte der OB.

»Ach ja«, hielt der Leiter der Lenkungsgruppe des Arbeitskreises »Verwaltungsreform« inne. »Wo war ich stehengeblieben? Richtig, beim Reformbedarf. Unglaublich, sage ich Ihnen. Doppelarbeit, wohin Sie sehen. Wir können und müssen Hierarchien abbauen, Strukturen straffen, das Ganze verschlanken …«

»Und?« fragte nochmals der OB.

»Das ist ja das Problem. Was dann? Beamte sind nun mal Beamte, und Angestellte genießen Kündigungsschutz, das war ja von Anfang an klar, daß alles sozialverträglich gestaltet werden muß. Wohin also mit den eingesparten Kräften? Die Antwort heißt: Reform des ›Amtes für überflüssige Verwaltungstätigkeiten‹. Angesichts der Finanznot kommt die an sich notwendige Verdoppelung des Amtes natürlich nicht in Betracht, das ist uns allen bewußt, aber bei ein paar zusätzlichen Stellen wird man es auch nicht bewenden lassen können, also kurz gesagt: Wir meinen in einem referatsübergreifend abgestimmten Kompromißvorschlag, daß eine jährliche Aufstockung um zehn Prozent genau der goldene Mittelweg wäre … Das war doch schließlich von

Anfang an klar: Eine Reform, die alle Einspar-
möglichkeiten mutig angeht und ausschöpft,
hat natürlichen ihren Preis!«

Die Referendarslaufbahn

VERGLICHEN MIT DEN üblen Plackereien der
Arbeitswelt hat das Studium einen unbestreit-
baren Charme. Das gilt für die Rechtswissen-
schaften in besonderem Maße. Ich habe mich
deshalb seinerzeit diesem Studium zwar nicht
mit besonderer Hingabe, aber mit besonderer
Ausdauer gewidmet, fest davon überzeugt,
daß nichts Besseres nachkommen werde.

Daß eine stattliche Semesterzahl kein Makel
zu sein braucht, sondern ganz im Gegenteil zu
erstaunlichen rhetorischen Repliken befähigt,
hat später die forensische Praxis bewiesen.
Nach einem strafrechtlichen Plädoyer, das mir
zugegebenermaßen etwas sehr feuilletoni-
stisch geraten war, fragte mich der Vorsitzende
Richter in durchaus kränkender Absicht:
»Aber, Herr Verteidiger, Sie haben schon auch
Jura studiert?« Da konnte ich mich in meiner
Robe aufbäumen und ihn mit einem Satz

schachmatt setzen, indem ich ihm kraftvoll entgegenschleuderte: »Wahrscheinlich sogar länger als Sie!«

Die Annahme hingegen, es würde nichts Besseres nachkommen, erwies sich eindeutig als irrig. Nach der Ersten Juristischen Staatsprüfung wird der nachwachsende Paragraphenhengst nämlich noch längst nicht den rauhen Kämpfen des Berufslebens ausgeliefert, sondern erst einmal in den Schoß des Referendardienstes eingebettet. Dort muß er, wenn wir einmal von der Teilnahme an einigen Ritualen absehen, zwar nichts tun, bekommt aber immerhin ein halbes Gehalt dafür, gemessen an der Eingangsstufe des höheren Dienstes. Das reicht zwar nicht für große Sprünge, ist aber doch deutlich mehr, als ein Werkstudent mit Nachtschichten oder Wochenendjobs zusammenkratzen kann. Und das schönste daran: Man muß nachts und am Wochenende nichts dafür tun.

Es gehört zu den größten gelungenen Verschwörungen der Neuzeit, daß Generationen von Juristen es geschafft haben, über diese privilegierte Daseinsform Stillschweigen zu bewahren und sogar bei Gartenparties und Fernsehdiskussionen einzuflechten, daß die Referendarsjahre eine besonders harte Zeit gewesen seien, wegen der beruflichen Anforderungen und der kargen Bezahlung …

Mir hingegen kam der Referendardienst schon damals als eine derart gelungene Veranstaltung vor, daß ich meine wohl innovativste und wegweisendste Reformidee zur Abwehr der Juristenschwemme, zur Bekämpfung der Arbeitslosigkeit und zur Überwindung der öffentlichen Finanznot entwickelte. Leider ließ ich mich von den Kollegen, die auf strengste Diskretion hinsichtlich der Vorzüge des Referendardienstes pochten, in einen falschen Korpsgeist zwingen und verschwieg mein Patentrezept. Heute mache ich mir deshalb aber bitterste Vorwürfe. Zum Beispiel bei der letzten Semesterfeier der hiesigen Juristischen Fakultät, die zwar mich als Festredner gewinnen konnte, ansonsten aber ein Bild des Jammers bot: Über die Hälfte der Prüfungsteilnehmer war durchgefallen! Stellen Sie sich das plastisch vor: Da büffeln junge Menschen, die zu den schönsten Hoffnungen berechtigen, jahrelang Immobiliarsachen- und Zwangsvollstreckungsrecht, und dann war bei jedem zweiten alles für die Katz! Warum diese Rigidität bei der Auslese? Weil es zu viele Juristen gibt. Weil wir gar nicht so viel brauchen können, wie ausgebildet werden. Weil sie uns überschwemmen, bis wir unter den Personalkosten der öffentlichen Haushalte zusammenbrechen und keine private Einladung mehr wahrnehmen können, ohne daß uns ein soeben frisch niedergelassener Anwalt salzstangenknabbernd und visistenkartenverteilend das Leben nach der Scheidung in schönsten Farben schildert.

All dies und noch viel mehr hätte mein Vorschlag auf eine sehr sozialverträgliche Weise rechtzeitig abgewehrt: Die Einführung der Referendarslaufbahn! Die erste Stufe gibt es ja bereits: die Referendarin / den Referendar im höheren Dienst. Warum jetzt jäh und grundlos abbrechen? Der öffentliche Dienst lebt doch davon, daß es weitergeht, und zwar aufwärts. Also: Nach meinem Vorschlag hätte sich an den zweieinhalbjährigen Referendardienst auf Antrag (wer arbeiten will, kann dies

natürlich tun) die Oberreferendarzeit ange-
schlossen, danach die Beförderung zum Refe-
rendardirektor oder Ersten Referendar. Für
ehrgeizige Kollegen, die tatsächlich am Klau-
surenkurs teilnehmen, hätte es Aussichten für
den »Ersten Referendar als Gruppenleiter« gegeben (ein Wortungetüm, ich weiß, aber in
der Justiz gut eingeführt). Für Ministerialrefe-
rendardirektoren, die in Bayern natürlich
schon eine gewisse Mehrheitsfähigkeit und
politische Verankerung nachweisen können
müßten, gäbe es eine hübsche Ministerialzu-
lage. Und das geheime oberste Ziel aller
schlaflosen Referendarsnächte wäre es natürlich, eines Tages in Karslruhe in einer stilvol-
len Dienstvilla »Generalbundesreferendar« zu
werden, natürlich nur bei halben Bezügen,
aber dafür ohne Arbeit.

Die Vorzüge für die Laufbahnreferendare
liegen auf der Hand: Finanzielle Einbußen
werden durch eine schier unermeßliche Le-
bensqualität aufgewogen und können beispielsweise durch geschickte Urlaubsbuchun-
gen in der preiswerten Vor- und Nachsaison
auch materiell ausgeglichen werden. Neben-

jobs als Biergartenbedienung oder Taxifahrer versprechen eine kräftige Aufbesserung der Bezüge, ohne daß man – wie heute die Unzahl der Durchgefallenen, ja sogar vieler Examensabsolventen – allein auf diese Erwerbsquelle angewiesen wäre.

Doch auch der gesamtgesellschaftliche Nutzen verblüfft: Man könnte mit demselben Geld doppelt so viele Juristen wie bisher in gesicherte Lebensverhältnisse bringen, die Juristenschwemme mühelos in unendlich vielen Dienststellen des Referendardienstes versikkern lassen und die Arbeitslosigkeit wenigstens auf diesem Sektor in die Schranken weisen. Der Einwand, dafür würde dann aber die Arbeit liegenbleiben, entbehrt offenkundig jeder Logik: Wer macht denn den Juristen die Arbeit? Eben! Wenn anstelle eines Anwalts, der auf Klagen gegen Hahnenschreie in Dörfern oder gegen Kinderlärm in der Nachbarschaft oder gegen Behinderteneinrichtungen in gehobenen Wohnlagen spezialisiert ist, einfach zwei Referendare bezahlt werden, die keine solchen Klagen erheben, dann können doch auch anstelle des Gegenanwalts zwei

weitere Referendare und anstelle des Amts-
richters sogar ein fünfter und ein sechster Referendar finanziert werden, ohne daß irgend-
welche Arbeit liegenbliebe …

Nein, um Himmels willen, fangen Sie nicht
zu argumentieren an. Ich weiß ja, daß es nicht
geht. Habe es gleich geahnt. Trotzdem war es
schon ein schöner Traum: Generalbundesreferendar in Karlsruhe mit stilvoller Dienstvilla!

Bruder Nelson

EIN BESSERER LINKER nimmt Abschied von
seinem einstigen Idol.

Bruder Nelson!
Warum hast du uns derart enttäuscht?
Wo wir dir doch die Treue hielten
in all den Jahren hinter Gittern?

Weißt du nicht mehr,
was das für tolle Zeiten waren,
als Du eingekerkerst warst auf Robben Island,
hungernd und durstend?

Du hast im Knast gelitten, wir am Frust,
das hat uns so verbunden
und unheimlich stark gemacht.

Wir haben mitgelitten
im Kampf dem Rassismus

und allem Unrecht der Welt,
haben FREIHEIT FÜR NELSON
    MANDELA
gefordert auf Plakaten
und mit Transparenten.

Wir haben auf dich angestoßen
mit der ersten Maß unter Kastanien
und dem Ouzo beim Griechen.
So viel hast du uns bedeutet.
Hoch! die! inter-natio-nale
Solidarität!

Und jetzt das!?
Die Tagesschau nervt uns,
jedes Auslandsmagazin eine Horrorvision!
Schon deine Hemden! Fröhlich und bunt,
als wäre Karneval in Rio!

Keiner dieser unaufhörlich gutgelaunten
Dampfplauderer privater Fernsehstationen
würde sich solche Klamotten umhängen lassen –
aber du mutest uns das zu,
obwohl wir doch alle
immer auf Moll gestimmt sind,

am Burned-out-Syndrom leiden
und voll bitterer Resignation
auf den Vorruhestand warten.

Du bist noch schwerer zu ertragen
als Hausbesetzer-Joschka mit Anzug und Weste
im Auswärtigen Amt!

Dann sitzt du herum
in deinen Regierungspalästen
und befaßt dich mit Straßenbau,
Stromversorgung und Haushaltslöchern.
Lächerlicher kleinkarierter Kram!
Ist das der Rest deiner Revolution?

Schlimmer noch: Du bemühst dich
um ausländische Investoren!
Lockst Firmen ins Land,
die wir vergebens hinauswerfen wollten;
läßt teure Autos bauen,
die sich hierzulande allenfalls
Oberstudienräte mit Funktionszulage
leisten können, aber niemals
linke Lehrer mit Gesinnungstreue
und gebrauchtem Golf.

Wie schade um dich, Nelson Mandela.
Du hattest uns so viel bedeutet
hinter den Gittern von Robben Island.
Aber leider gibt es kein Zurück.

Künstler

IMMER WENN WIR von der Banalität unserer materiell eingestellten Welt schockiert oder ermüdet sind, wenden wir uns hoffnungsfroh den schönen Künsten zu. Für einen Politiker zählt ein Dialog mit den Künstlern zu den erhabensten Momenten seines ansonsten durch finsterstes Banausentum verpfuschten Lebens:

POLITIKER: Wir sind heute abend zusammengekommen ...

CHOR DER KÜNSTLER: ... Mit einem Politiker! Einem Banausen! Wie schrecklich! Wahrscheinlich hat er noch kein Buch gelesen, keinen Film gesehen, kein Konzert gehört! Theater und Museen kennt er nur von außen, Architektur nur vom Hörensagen.

POLTIKER: Ich freue mich, daß Sie alle der Einladung gefolgt sind ...

CHOR DER KÜNSTLER: ... um unsere Not wieder einmal in die Welt hinauszuschreien! Ein grausames Schicksal zwingt uns, Zuschüsse und Subventionen aus unwürdiger Hand entgegenzunehmen, von ahnungslosen Funktionären, die ein noch ahnungsloseres Volk ins Amt gebracht hat.

POLITIKER: In aller Welt schätzt man unser Orchester ...

CHOR DER KÜNSTLER: ... das neue Stellen braucht, wenn es nicht zur bedeutungslosen Stadtkapelle verkommen soll!

POLITIKER: Wie bitte!? Wir haben doch eben erst für einige Millionen einen neuen Chefdirigenten ...

CHOR DER KÜNSTLER: Eben! Um diesen internationalen Qualitätsanspruch zu wahren, muß man jetzt mit weiteren Millionen ...

POLITIKER: Sie dürfen dabei nicht übersehen, daß unser Stadttheater ...

CHOR DER KÜNSTLER: ... bald zusammenfällt, von der vorsintflutlichen Bühnentechnik ganz zu schweigen!

POLITIKER: Das wollte ich ja gerade sagen. Deshalb haben wir in einer beispiellosen finanziellen Kraftanstrengung soeben mit der Generalsanierung begonnen ...

CHOR DER KÜNSTLER: Die für die Katz ist, wenn nicht jedes Jahr der Personaletat steigt!

POLITIKER: Es gibt doch auch noch andere Kulturinstitute ...

CHOR DER KÜNSTLER: ... die höhere Zuschüsse brauchen! Zum Beispiel die Privattheater!

POLITIKER: Ich erinnere mich, daß diese kleinen Bühnen ihre große Zeit hatten, als es noch gar keine Subventionen gab, aber aufregende Inszenierungen. Heute fehlt einfach oft das Publikum ...

CHOR DER KÜNSTLER: ... das dann eben vom Steuerzahler ersetzt werden muß. Von künstlerischer Freiheit kann doch erst dann die Rede sein, wenn ein Theater auch ohne jedes Publikum überleben kann. Oder wollen Sie uns zu Zugeständnissen an den Massengeschmack zwingen!?

POLITIKER: Ich will doch keinen Zwang. Ich wollte doch nur sagen, daß die Kunst ...

CHOR DER KÜNSTLER: ... mehr Geld braucht.

POLITIKER: Gerade in unserer orientierungslosen Zeit sind es die Künstler ...

CHOR DER KÜNSTLER: ... die höhere Zuschüsse verlangen!

Politiker: Das mag ja alles sein, aber wir wollten heute doch über Perspektiven diskutieren. Wenn wir beispielsweise aktuelle Filme betrachten, stellen wir fest ...

Chor der Künstler: ... daß die Filmförderung aufgestockt werden muß. Mit *low budgets* läßt sich nun mal keine Filmkunst machen!

Politiker: Aber heute abend geht es doch um die Frage ...

Chor der Künstler: ... wo das Geld bleibt. Das würde uns auch interessieren!

Politiker: Also wenn Sie immer nur von Subventionen und Zuschüssen, Haushaltsansätzen und Fördermitteln sprechen, dann muß ich Ihnen schon sagen, daß die Stadtfinanzen derzeit keine großen Sprünge ...

Chor der Künstler: SCHLUSS! AUS! ENDE! Das ist ja wirklich unerträglich hier. Da opfert man einen ganzen Abend, um über künstlerische Perspektiven fürs nächste Jahrhundert zu diskutieren, aber dieser Politiker, dieser kulturfremde Mensch, redet die ganze Zeit nur vom Geld! Geld! Geld! Was anderes kennt dieser Banause gar nicht!

Der Maestro

NATÜRLICH HATTE ICH ihn schon oft gesehen, im Frack am Dirigentenpult, mit dichtem silbergrauen Haar, souverän das Orchester beherrschend und verführend, grandios in Mimik und Gestik, ein Gebirge von einem Mann, umjubelt von einem ihm ergebenen Publikum. Aber näher bin ich unserem Maestro erst als Bürgermeister begegnet, als ich die Leitung des Kulturausschusses übernahm und mit allen Institutsleitern ihre Probleme abhandelte.

Als der vereinbarte Besuch des Maestros auf meinem Wochenplan aufgetaucht war, häuften sich seltsame Begegnungen im Treppenhaus des Rathauses: Kulturstadträte, Mitglieder des Finanzausschusses, Mitarbeiter der Stadtkämmerei und schließlich sogar der Kämmerer selbst liefen mir ein paar Schritte nach oder hielten mir geduldig wartend eine Glastür auf, um mir dann zuzuraunen, ich hätte doch demnächst einen Termin mit dem Maestro. Mein Kopfnicken wurde dann regelmäßig mit dem Tip, der Bitte oder der Warnung quittiert: »Na gut. Aber reden Sie nicht über Geld! Sagen Sie einfach, das sei nur ein Antrittsbesuch und über Finanzen müßten Sie sich erst noch ein Bild machen.« Seltsam, daß sich alle meinen Kopf zerbrechen, dachte ich. Vor allem wunderte es mich beim damaligen Stadtkämmerer, der ansonsten als parteipolitischer Gegner nicht bestrebt war, mir Steine aus dem Weg zu räumen. Aber er wußte schon, was er tat.

Der Auftritt des Maestros setzte schon im Vorzimmer Maßstäbe: Der große, alte Mann grüßte beide Sekretärinnen mit Handkuß, was denen bei Verbandspräsidenten und Kommunalpolitikern noch nie widerfahren war, von Sprechern aufbegehrender Bürgerinitiativen ganz zu schweigen. Angeblich fanden sie diese Huldigung ihrer Weiblichkeit etwas übertrieben, aber immerhin wurde fortan wenigstens im Vorzimmer nie mehr vorwurfsvoll die Frage diskutiert, warum die Stadt so viel Geld für die Philharmoniker ausgibt.

Dann zog er in mein Amtszimmer ein, verschmähte die niedrige Sitzgruppe, aus der man so schwer wieder herauskommt, und bestand auf einem Sitz am Schreibtisch. Ich war auf alles bestens präpariert: auf die Forderung nach Akustiksegeln in der Philharmonie (Geduld, Geduld, schon bestellt), nach einem Holzpodest fürs Orchester zur weiteren Verbesserung der Akustik (Mal sehen, was sich machen läßt), nach zusätzlichen Musikern, die früher tatsächlich einmal zugesagt worden sein sollen (Verständlicher Wunsch, vielleicht im nächsten Haushaltsjahr) – doch nichts davon wurde angesprochen. Statt dessen eine Weltreise durch die Welt der Musik: Überall, so lernte ich in meinem Blitzkurs, überall, auch bei den berühmtesten Orchestern dieser Welt, stehen nur Pfuscher und Dilettanten, Scharlatane und Nichtskönner am Pult, wenn wir einmal von einer rühmlichen Ausnahme in München absehen. Ich staunte nicht schlecht, denn der Schnellhinrichtung fielen auch einige Persönlichkeiten zum Opfer, denen die halbe Münchner Musikwelt zu Füßen lag. Immerhin fand ich es sehr vergnüglich, nicht mit Akustiksegeln und Holzpodesten und Planstellen belästigt zu werden, sondern authentische Einblicke in die kollegiale Wertschätzung und Zuneigung großer Dirigenten zu erhalten.

Da fiel plötzlich aus heiterem Himmel, wie vom zürnenden Gottvater Zeus mit einem Blitzbündel ins Amtszimmer geschleudert, das Wort Geld, das mich sofort pflichtschuldigst elektrisierte und alle inneren Alarmsysteme aufblitzen und aufheulen ließ. Er sprach tatsächlich völlig unvermittelt von Geld, wie angekündigt und befürchtet, mit immenser Lautstärke und voller Erregung – aber was hatte er da gesagt, fast schon gebrüllt:

»ICH HASSE DAS GELD!«

Zunächst einmal war ich nur verdattert. Was sollten nur all diese kleinmütigen und engherzigen Warnungen der städtischen Bedenkenträger, nur ja nicht über Geld zu reden, wenn er es ohnehin nicht mag? »Eine durchaus bemerkenswerte Einstellung, sehr sympathisch, aber eher selten«, stammelte ich, »wir werden da kein Problem miteinander haben, vor allem bei einem städtischen Mitarbeiter höre ich das gerne.«

Das mit dem städtischen Mitarbeiter ist mir wirklich nur so rausgerutscht. Ganz daneben war es ja auch nicht, denn die Koffer mit gebündelten Banknoten, die ihm stets am Flughafen bei der Heimreise nach Paris auszuhändigen waren (er mochte keine Überweisungen), wurden ja tatsächlich immer wieder aus dem Personaletat für die Mitarbeiter der Stadt gefüllt. Trotzdem traf das Wort »städtischer Mitarbeiter« nicht ganz den richtigen Ton für einen Meister, der seine Jünger am liebsten darüber streiten hörte, ob er göttlich oder nur gottähnlich sei.

Zum Glück rang sich der Maestro, dessen ausdrucksstarke Mimik eine Zeitlang Entsetzen und dann Mitleid widerspiegelte, zu der Entscheidung durch, den Fauxpas nicht einmal zu ignorieren. Statt dessen wiederholte er das bereits angeklungene Motiv, diesmal fortissimo:

»ICH HASSE DAS GELD!«

So sehr ich mich auch bemühte: Ich konnte mit diesen eruptiven Ausbrüchen der Verachtung des schnöden Mammons einfach nichts anfangen, also plapperte ich herum: »Offen gesagt, mir ist es auch nicht so wichtig! Aber gleich hassen? Manchmal, finde ich, kann man es durchaus gut gebrauchen ...«

Wieder würdigte er meine Worte, die diesmal aber nur belanglos und nicht verabscheuungswürdig waren, mit keiner Reaktion, sondern fuhr unbeirrt in seiner Inszenierung fort: Nachdem er die Verfluchung des Geldes wiederholt und sich dabei auf der anderen Seite des Schreibtisches wie ein Alpenmassiv aufgebaut hatte, sackte er plötzlich in sich zusammen, ließ die Schultern fallen, legte seine Stirn in noch mehr Falten und sagte kleinlaut, als müsse er die schlimmste Niederlage seines Lebens eingestehen, mit überraschend hoher Stimme:

»Ich nehme es nur – wegen Pre-sti-sche.«

Soso. Ich sagte lieber gar nichts mehr, denn er würde ohnehin nicht darauf eingehen. Im Grunde war mir auch gleichgültig, aus welchem Motiv heraus er am Flughafen den Koffer entgegennahm. Ausgerechnet jetzt schien ihm meine Reaktion aber doch wichtig zu sein, denn er beugte sich weit vor, sah mir intensiv, fast bohrend ins Gesicht und fragte:

»Verstehen Sie? PRE-STI-SCHE!?«

»Verstehe schon: Prestige«, nickte ich zustimmend. »Na klar doch.« Und dann, erschreckend flach: »Geld hat was.«

Er schüttelte erschüttert sein Haupt, konnte nicht begreifen, daß ich ihn trotz der großangelegten Ouvertüre nicht begriffen hatte. Also wiederholte er den Rundumschlag auf die unfähigen Kollegen seiner Zunft und faßte sein anfangs noch etwas differenziertes Urteil dahingehend zusammen, daß sie allesamt keine Musik machen, sondern auch aus den besten Klangkörpern dieser Welt nur störende Werkstattgeräusche hervorbringen, weshalb man anschließend tagelang mit den verdorbenen Musikern arbeiten müsse, um ihnen die Mißtöne wieder auszutreiben. Dann schleuderte er mir den Namen eines Nichtskönners an den Kopf und fragte, ob ich überhaupt eine Vorstellung hätte, was der für ein Gastdirigat bekommt. Ohne mein Achselzucken abzuwarten, rief er die Summe mit hoher Stimme in den Raum, so schmerzerfüllt, als würde jede Mark vorher den Eltern hungernder Kinder entrissen:

»Fünfunddreißigtausend Mark!«

Es folgte der Name des nächsten Pfuschers und auf dem Fuße die Summe:

»Vierzigtausend Mark!«

Ich schwieg, wie es mir für den Fall finanzieller Erörterungen so nachhaltig empfohlen worden war, dachte insgeheim aber schon, daß 40000 DM eine schöne Stange Geld seien, wenn man dafür nur einem Weltklasseorchester einige Werkstattgeräusche entlocken muß.

Jetzt endlich konnte er mir seine ganze Tragik ans Herz legen: »Verstehen Sie doch meine Notlage«, bat er händeringend und neigte das Haupt nach vorn, so daß er die Augen zu mir heben mußte, »ich hasse das Geld! Aber wegen Pre-sti-sche muß ich mehr bekommen als diese Dilettanten und Nichtskönner!«

★　★　★

Jahre später – ich war bereits OB – wurde ich ins Kultusministerium gerufen zu einem besonderen Festakt in intimem Rahmen: Unser Maestro erhielt, damit sich auch der Freistaat mit ihm schmücken könne, eine Honorarprofessur an der Staatlichen Hochschule für Musik. Der Minister und der Maestro saßen wie ein Brautpaar auf dem Sofa des Ministerzimmers, für den Hochschulleiter und mich waren Stühle an den kleinen Tisch gerückt worden, vier ordentliche Professoren der Musikhochschule saßen ordentlich in einem Eck, um die Feier – wie passend! – musikalisch zu umrahmen. Als das Quartett spielte, nickte der Maestro ein (oder war es seine Art der stillen Musikkritik?), er war aber ganz Ohr, als der Minister aufstand und des Maestros Vita vom Blatt las, die dem großen Meister allerdings schon bekannt gewesen sein dürfte. Die Vita mündete in eine Laudatio (»unvergeßliche Musikerlebnisse – pädagogischer Eros – München als Musikstadt – Bayern als Kulturstaat – kleiner Versuch, die große Dankesschuld abzutragen«), dann schob der Minister die Ernennungsurkunde über den Tisch. Der Maestro nahm sie nicht auf, erhob sich auch nicht, sondern verblüffte die Anwesenden mit einer Frage: »Was habe ich bisher für die Staatliche Hochschule für Musik getan?« Gute

Frage, schienen die vier Professoren zu denken, die immer noch im Eckerl bleiben mußten wie geschwätzige Schüler in der Grundschule. Der Minister schien schon Luft zu holen, um etwaige Versäumnisse in seiner Laudatio mit einem besonderen Loblied auf die unermeßlichen Verdienste des verehrten Maestros ... Da zerfetzte ein einziges Wort die verlegene Stille der feierlichen Runde:

»NICHTS!«

Das saß. Wie ein Peitschenhieb. Der Minister erschrak, der Hochschulleiter erstarrte, die Hand des Violinprofessors verkrampfte sich rund um den Geigenhals, ich konnte nur mit Mühe glucksendes Lachen unterdrücken. Weiter ging es in einem fast munteren Plauderton: »Und wissen Sie, was ich künftig für die Musikhochschule tun kann?« Der Minister wartete auf das erlösende Wort, die vier Professoren im Eckerl streckten neugierig die Köpfe vor. Dann der nächste Peitschenhieb: »NICHTS!«

Das war jetzt offenbar doch mehr als das Einfädeln einer Pointe, mehr als *fishing for compliments*. Das war ja, wenn der große, alte Mann das auch draußen so herumerzählen würde, tatsächlich ein veritables Problem! Besorgt fragte der Minister, dessen anhimmelndes Mienenspiel längst politischer Betriebsamkeit gewichen war, wie das bitte zu verstehen sei. Tja, die jungen Musiker würden ihn als Aufgabe schon reizen, eine wundervolle Herausforderung, außerdem gäbe es dafür keinen Besseren als ihn, aber es geht nicht, aus, wegen der Steuer.

»Was soll das heißen: wegen der Steuer?« entfuhr es mehreren Teilnehmern der kleinen Feier gleichzeitig. Dabei war die Erklärung ganz einfach: Um keine Steuern in Deutschland zahlen zu müssen, darf er pro Jahr nur 180 Tage im Lande sein, die verbringt er aber schon mit den Philharmonikern, also kommt kein weiterer Arbeitstag hierzulande in Frage. So einfach ist das. »Das gibt's doch gar nicht«, murmelte der Minister und ließ einen steuerrechtlich versierten Referenten herbeirufen, der die mißliche Lage aber voll bestätigte. Die Runde im Amtszimmer des Ministers grübelte fieberhaft, wie man denn am deutschen Finanzamt vorbeikommen könnte. Die vier

Hochschulprofessoren wirkten nicht so richtig motiviert, einer von ihnen machte aber den einzigen pragmatischen Vorschlag, der freilich auch nicht realisiert werden sollte: »Wenn der verehrte Maestro nicht zusätzlich in Deutschland arbeiten kann, könnten wir doch die Münchner Studenten mit Bussen zu ihrem Münchner Professor ins Ausland fahren. Nach Salzburg zum Beispiel, eine wunderschöne Musikstadt!«

Väterchen im Wandel

WENN STÄDTISCHE BEAMTE in ihrer Laufbahn Bleibendes angeregt oder Großes ver-
richtet haben, wird ihnen die Urkunde, mit
der sie in den wohlverdienten Ruhestand ent-
lassen werden, vom Oberbürgermeister ausge-
händigt – und bei einem kurzen Gespräch
unter vier Augen dürfen die Höhepunkte des
Beamtenlebens nochmals Revue passieren und
all die durchwanderten Jammertäler mitleider-
regend aufgezählt werden. Ein bewährtes
Schlachtroß der Planungsbehörde, in Ehren
ergraut, aber hochmotiviert bis zum letzten
Tag im Dienst, erzählte geradezu schwär-
merisch von der Selbstverwirklichung in Flä-
chennutzungsplantekturen: Da nahm das persönliche Wollen und Können tatsächlich
Stadtgestalt an. Wohlgeordnete städtebauliche
Entwicklungen an verschiedensten Stellen der
Vaterstadt – eine schöne Ernte von knapp

vierzig Dienstjahren. Und kein Frust? Die ganze Zeit? Mal im Ernst, jetzt unter vier Augen? Sie können es ruhig ganz offen sagen. Doch, sagte er, gleich zu Beginn, da gab es ein deprimierendes Erlebnis, eine Erfahrung, die ihn am Rechtsstaat zweifeln ließ, überhaupt an der Rechtmäßigkeit der Verwaltung, an ehernen Verfassungsgrundsätzen wie der Gleichbehandlung aller Bürger. Mitten in aller Öffentlichkeit ein rechtsfreier Raum! Das muß man als frisch vereidigter Jurist im höheren Verwaltungsdienst erst einmal verdauen. Einfach war das nicht, sagt er, aber er habe viel dabei gelernt, über die Politik und so.

Jetzt wurde ich doch hellwach: Zeichnete sich hier bei der Übergabe der Entlassungsurkunde ein spätes Geständnis ab? Ein Hinweis auf Günstlingswirtschaft unter politischem Druck?

»Sie können offen reden«, ermunterte ich ihn, »jetzt, an Ihrem letzten Tag. Das will ich schon wissen.« »Ach«, sagte er, »das war wirklich ärgerlich: Dieser Schwarzbau von dem Russen auf dem Oberwiesenfeld. Keine

Chance für rechtmäßiges Verwaltungshandeln.«

»Ich erinnere mich dunkel«, log ich leise vor mich hin und trug sofort in den Kalender ein, daß ich auf keinen Fall vergessen dürfe, auch Anfang nächsten Jahres wieder Väterchen Timofej zum Geburtstag zu gratulieren. Meine Geburtstagsbesuche hatten schließlich schon Tradition – und jetzt müßte es ja irgendwann einmal tatsächlich der 100. Geburtstag sein. Aber nichts Genaues weiß man nicht. Sicher scheint mir nur zu sein, daß er nicht 2000 Jahre alt ist – was er auch schon einmal behauptet hat und was immerhin Anlaß für entsprechende Zeitungsschlagzeilen war: »Timofej 2000 Jahre alt!«

Fest steht nur, daß er schon sehr lange da ist und daß er sich – wenn man einmal davon absieht, daß das pechschwarze Haar im Laufe der Jahrzehnte langsam schlohweiß wurde und daß von allen Zähnen nur ein einziger übrigblieb – überhaupt nicht geändert hat, auch wenn unsere Wahrnehmung den abenteuerlichsten Wandlungen unterworfen war.

Die erste Bekanntschaft mit ihm machten

wir Schwabinger Buben, als die vorsintflutlichen Tretroller mit Holzrädern und Hartgum-
mireifen endlich durch Leichtmetallroller mit
Ballonreifen abgelöst wurden – diese Innova-
tion der Fahrzeughersteller erweiterte unseren
Aktionsradius und wir konnten weit über den
Luitpoldpark hinaus bis aufs Oberwiesenfeld
fahren: ein riesiger Abenteuerspielplatz. Das
gesamte Gelände war rot, übersät mit Ziegel-
steinen und Ziegelstaub. Dazwischen sah man
noch Reste der legendären Bockerlbahn, die
Ruinenreste aus dem gesamten Stadtgebiet
zum Schuttberg auf dem Oberwiesenfeld
transportiert hatte. Auf diesem Areal hatte Timofej, der Russe, sein Haus gebaut und aus
Sperrmüll und Bauschutt eine kleine Kirche
zusammengezimmert. Das ganze war pedantisch eingezäunt, und innerhalb des Zaunes
lugten schon Blumen und Kohlköpfe aus dem
Ziegelstaub. Angesichts der jetzt anstehenden
Mutprobe vergaßen wir alle Rivalitäten zwischen Hohenzollernstraßlern und Kurfürsten-
platzlern und kletterten über den Zaun und
näherten uns mit pochendem Herzen und
stockendem Atem der Kirchenbaracke, die mit

russisch-orthodoxen Zwiebeltürmchen aus alten Ölfässern ein sehr fremdartiges und damit unheimliches Aussehen erhalten hatte. Irgendwann ertönte drinnen in der Kapelle eine tiefe Männerstimme, »Ma-ha-ria zu eeeehren« – und wir rannten blitzschnell wieder weg, über den Zaun zu den Rollern und nichts wie davon. Zu Hause erzählten wir, daß uns der unheimliche Bärtige nicht nur Flüche, sondern auch Steine nachgeworfen habe, aber nicht wirklich erschrecken konnte ...

An der Schule wurde das Phänomen Timofej sehr unterschiedlich abgehandelt. Dem Rektor diente das Sperrmüll-Gotteshaus samt eingefriedetem Garten als anschauliches und drastisches Beispiel dafür, daß »der Russe«, wenn er einmal kommt, uns auf eben diese Weise das gesamte Land wegnehmen werde. Da kein vernünftiger Zweifel daran bestand, daß der Russe jederzeit kommen würde, wenn er könnte, diente Timofej als abschreckendes Beispiel für die dann drohende Enteignung und trug so zur geistigen Wehrertüchtigung des Schwabinger und Neuhauser Nachwuchses im Kalten Krieg bei.

Das für den Heimat- und Sachkundeunterricht zuständige Fräulein sah Timofej freilich in einem ganz anderen Licht. Sie kam aus Niederbayern und fand es anrührend, daß der Flüchtling, den die gottlosen Russen vertrieben hatten, in dieser kalten Zeit, in der jeder nur an sich selber denkt, erst einmal dem Herrgott ein Haus errichtet hat. So haben wir dieses schöne Beispiel der Gottesfürchtigkeit sogar im Heimatkundeunterricht mit einer Exkursion bedacht und das Kircherl besichtigt. Der ganze Raum war ausgeschlagen mit Silberpapier, das einst Schokoladetafeln umhüllt hatte, überall hingen Ikonen und Heiligenbildchen in rosa und hellblau, Kerzenständer und künstliche Blumen steigerten die festliche Stimmung – und »der Russe« war kein steinewerfendes oder waffenklirrendes Monster, sondern sang brav »Ma-ha-ria zu eeeehren« ein gottesfürchtiges Lied. Sind am Ende die Russen die besseren Bayern?

Nach den Schwabinger Krawallen gingen wir gerne von der Schule aus nicht mehr direkt nach Hause, sondern erst einmal auf die Leopoldstraße, um den übrigens stark von Autoabgasen geprägten Duft von Freiheit und Abenteuer einzuatmen. Die größte Freiheit genossen jene Typen, die alle gesellschaftlichen Zwänge, von den familiären bis zu den beruflichen Pflichten, erfolgreich abgeschüttelt hatten und einfach den lieben langen Tag nur ungepflegt herumlungerten: die Gammler. Auch wenn wir selber noch nicht zum Aussteigen entschlossen waren, erfreuten sich die Gammler doch eines erstaunlichen Prestiges. Und der älteste, der bedeutendste von allen Gammlern war zweifellos Väterchen Timofej, der gesetzlose Eremit vom Oberwiesenfeld, der seinen schwarzen Bart nicht pflegte, in verlottertem Gewand herumlief und den ganzen lieben Tag nichts Ordentliches tat – auch wenn uns sein ewiges »Ma-ha-ria zu eeeehren« ziemlich bescheuert vorkam. Aber hatten richtige Gammler, die mit allen Konventionen gebrochen hatten, nicht auch ein Recht auf einen Dachschaden?

Als das Musical *Hair* über München gekommen war, wollten plötzlich alle Hippies sein – Blumenkinder des Friedens. Und es war gar keine Frage, wer der wahre Vater aller

Hippies war – Väterchen natürlich, der Gärtner der Liebe, der auf dem Trümmerfeld einer selbstmörderischen Zivilisation, mitten im Ziegelstaub der Ruinenlandschaft, mit Liebe und Licht einen blühenden und duftenden Garten Eden hatte entstehen lassen und dort – rechtmäßig oder nicht, was soll's – seine Natascha liebte. Auch wenn er von »Ma-ha-ria« sang, meinte er zweifellos Natascha: Liebesglück im Blumenmeer.

Rein rechtlich gesehen war Väterchen freilich immer noch ein illegal eingewanderter Ausländer, der einfach eine Fläche des Freistaats Bayern »rechtswidrig in Besitz genommen« und mit »nicht genehmigten und nicht genehmigungsfähigen Behelfsbauten« bestückt hatte. Das führte im Vorfeld der Olympischen Spiele von 1972 zu einer dramatischen Zuspitzung, denn die Olympiaplaner wollten just dort, wo Väterchen der Jungfrau zu Ehren ein Kirchlein errichtet hatte, die Reitanlagen situieren. Die Idylle – was sage ich: der Garten Eden! – sollte einer Räumungsklage und dann den Planierraupen weichen. Väterchen nagelte alle vollstreckbaren Bescheide im Vorraum der Kirche an die Wand, um die Besucher des Gotteshauses zu Mitgefühl mit ihm und Abscheu gegenüber der behördlichen Willkürherrschaft zu bewegen.

Im Innern der Kirche, im Glanz der Schokoladenverpackungen, bat Väterchen Maria untertänigst, dem satanischen Treiben der Planer einen göttlichen Riegel vorzuschieben. Tatsächlich erhob sich eine beachtliche Protestbewegung, und nach dem Olympiaarchitekten Günther Behnisch entdeckte sogar der Olympiagewaltige Willi Daume sein Herz für Timofej – und schließlich lenkte sogar Oberbürgermeister Dr. Hans Jochen Vogel ein – was muß der Einserjurist bei der Absegnung dieses Schwarzbaus gelitten haben! Der Schmerz der Juristen im Planungsreferat wurde in keiner Chronik erfaßt, dafür aber die Tatsache, daß Hamburger Illustrierte den illegalen Einsiedler als »Münchens ersten Olympiasieger« feierten.

Sein Sieg über die Konsortialpartner der Olympischen Spiele – immerhin gehörten dazu so einflußreiche Gebietskörperschaften wie die Bundesrepublik Deutschland, der

Freistaat Bayern und die Landeshauptstadt
München – machte Väterchen zur Kultfigur
der Hausbesetzerszene, die es bekanntlich in
Hamburg an der Hafenstraße und in Berlin-
Kreuzberg zu mehrjährigen »Inbesitznahmen«
brachte, aber in Bayern zu keinem einzig nen-
nenswerten Erfolg – wenn wir einmal vom
Handstreich Timofejs absehen. In Bayern gilt
nämlich die Regel, daß sich Hausbesetzer
keine 24 Stunden in »ihrer« Immobilie aufhal-
ten dürfen – dann wird spätestens geräumt.
Generationen junger aufmüpfiger Leute sind
an dieser Polizeimaxime gescheitert – nur
Väterchen nicht. Er hat es halt auch schlauer
angestellt. Er hat seine Landnahme nicht mit
bitterer Not erklärt und schon gar nicht mit
politischem Protest, sondern schlicht und einfach damit, daß ihm die Mutter Gottes im
Traum den Befehl gegeben habe, exakt hier
und nirgendwo sonst eine Kirche zu ihren
Ehren zu errichten. Immerhin: Die Mutter
Gottes selber! Das kann natürlich geflunkert
sein. Aber wenn nicht? Was will man da als
bayerischer Polizist schon ausrichten? Also
durfte er bauen – »Ma-ha-ria zu eeeehren!«

So stand Väterchen während der Olympischen Spiele unangefochten im Mittelpunkt weltweiten Medieninteresses und verkaufte zu gepfefferten Preisen Blumensträuße aus seinem Paradiesgarterl an Touristen aus aller Welt. Üble Gerüchte wollten zwar etwas von einem Kurierdienst zwischen der Großmarkthalle und dem Garten Eden aufgeschnappt haben, weil anders die gigantische Nachfrage gar nicht hätte befriedigt werden können — aber nichts Genaues weiß man nicht. Bekannt wurde allerdings, daß er nach der Verkaufsorgie während der Spiele plötzlich in der Lage war, seinen Söhnen Alexander und Wladimir in Nowosibirsk und Kawropolskij schöne Autos aus dem Westen zukommen zu lassen. Das machte die Steuerfahndung stutzig, und sie vermutete prompt, während der heiteren Spiele von München müsse es aus dem Blumenhandel durchaus steuerlich relevante Einnahmen gegeben haben. Daraufhin betete Väterchen Timofej noch lauter als sonst, der Satan möge wieder aus den Köpfen der Steuerfahnder weichen, außerdem trug er unwiderleglich vor, die Summen für den Autokauf seien in Jahrzehnten aus ebenso wohltätigen wie steuerfreien Spenden zusammengesammelt worden.

Die Welt aller billig und gerecht denkenden Juristen drohte einzustürzen – da bot ausgerechnet eine Familiennachricht neue Handhaben. Getreu seinem Motto »Liebe wird erst mit 80 schön« ehelichte Väterchen Timofej 1973 sein »Schwesterchen« Natascha. »Schwesterchen« hat sie natürlich nur geheißen, das gab strafrechtlich nichts her. Aber aus den Zollpapieren für die schönen West-Autos wußten die Strafverfolger, daß Herrn Timofej Prochorows Söhne denselben Familiennamen wie ihr Väterchen führten – also ehelich sein mußten. Und von Mütterchen gab es weder eine Todesnachricht noch ein Scheidungsurteil. Wenn man schon machtlos war gegen den Schwarzbau und den Blumenhandel, wurde jetzt wenigstens ein Ermittlungsverfahren wegen Bigamie eingeleitet. Ganz anders als bei den Räumungsbefehlen aus vorolympischer Zeit war Väterchen aber nicht erzürnt wegen solcher Anschuldigungen, sondern eher mitleidvoll gestimmt: Der Satan persönlich hat die Sinne der Staatsanwälte verwirrt, man muß für sie beten ... Zähneknirschend mußten die gewitzten Strafverfolger in aller Öffentlichkeit hinnehmen, daß man schutzlos ist gegen Beamtenbeleidigung, wenn sie nur in ein schlichtes Gebet gekleidet wird. Tatsächlich wurde das Verfahren trotz eines geradezu erdrückenden Anfangsverdachts eingestellt, weil die damals noch existierende ruhmreiche Sowjetunion sich weigerte, in irgendeiner Weise mit westlichen Justizbehörden zu kooperieren. Wenigstens die Kommunisten widerstanden dem Satan!

Trotzdem hat er mit den Kommunisten dann kurzen Prozeß gemacht. Mit ständigen Gebeten hat er sie einfach weggefegt. So hat er, kaum beachtet am Rande des Olympiaparks, einsam und verlassen in seiner Eremitage Weltpolitik betrieben und zunächst Glasnost, später auch noch Perestroika und das Ende der Sowjetmacht durchgesetzt. Eher wortkarg erzählte er mir von seinen Interventionen bei der Gottesmutter: »Maria hat mein Beten erhört, Gorbatschow ist gekommen.« Seit dem Fall der Berliner Mauer heißt sein Kirchlein übrigens

»Ost-West-Kirche«, immer im Trend. Und dabei hätten so viele Bundesbürger wetten mögen, daß Glasnost und Perestroika von Helmut Kohl erfunden wurden. Nur Väterchen weiß, wer es wirklich war: Väterchen. Noch ein Grund, »Ma-ha-ria zu eeeehren!«

Aber was wissen wir schon wirklich? Daß er am 22. Januar 1894 in Bahajewskaja Stanitsa am Don geboren wurde, ist vielleicht auch nur eine Fabel. Immerhin durfte ich ihm hundert Jahre später die Glückwünsche des Bundespräsidenten, des bayerischen Ministerpräsidenten und der Landeshauptstadt München überbringen; da waren die Konsorten des Olympiavertrages wieder alle beisammen, aber diesmal schickten sie keine Planierraupen, sondern Blumensträuße. Bei Kriegsende soll Timofej Prochorow im Dienst kosakischer Truppen gestanden haben und anschließend zwei Jahre lang in schwarzer Kutte auf einem Pferdewagen geflohen sein, begleitet von Schwesterchen Natascha und zwei Glaubensbrüdern, bis ihm im Traum befohlen ward, auf dem Oberwiesenfeld eine Kirche zu errichten.

Dort haben wir seit dem 100. Geburtstag schon wieder weitere gefeiert, und er wird überraschenderweise von Jahr zu Jahr geselliger und trinkfreudiger. Wenn sich Verehrerinnen und Kameraleute im Wohnzimmer mit dem Kanonenofen drängeln, haut er in die Tasten einer elektronischen Tischorgel, dröhnt kurz, um »Ma-ha-ria zu eeehren«, greift dann aber abermals zum Wodka und lacht mit seinem einzigen Zahn: »Ho-ho, Prost!« Für liebe Gäste hat er seelsorgerische Tips vorrätig: »Was hilft, wenn traurig? Besser lachen als weinen.« Gelegentliche Kirchendiebstähle nimmt er mit stoischer Gelassenheit hin, nüchtern kaufmännisch bilanzierend: »Die Leute geben. Die Leute nehmen. So ist das.« Ob er in seiner Einsamkeit überhaupt gerne gestört wird, läßt er raffiniert offen: »Kommt Besuch: Gott sei Dank. Kommt kein Besuch: Auch Gott sei Dank.«

Bei seinem mutmaßlich 103. Geburtstag war ein Ansteigen seiner Ansprüche wie auch seiner Sittenstrenge zu bemerken. Auf Anfrage der Protokollabteilung ließ er wissen, daß der OB als Gratulant durchaus willkom-

men sei, »wenn er seine Frau mitbringt, die
Väterchen so liebt«. Beim Handkuß nahm er
dann aber an den roten Fingernägeln Anstoß:
»Warum machst du das? Du hast schon
Mann!«

Trotz seines biblischen Alters warten immer
wieder völlig neue Aufgaben auf ihn. So
rühmt ihn jetzt das ukrainische Folkloreen-
semble »Schurawli« in heimatlicher Tracht und
mit schmissigen Liedern bei Feierlichkeiten
in Münchens liebenswürdigstem Schwarzbau
als Verkörperung ukrainischen Selbstbehaup-
tungswillens gegen russisches Vormachtstre-
ben. Schon wieder eine ganz neue Rolle für
den »Russen«, diesmal im Europa der Regio-
nen.

Aber er singt nur »Ma-ha-ria zu eeehren«.
Und ein Beamter im wohlverdienten Ruhestand grämt sich, daß es rechtsfreie Räume
gibt. Mitten in Bayern.

Das Fest der Zukunft

AUCH AUF DEN Bahamas und den Bermudas kennt man ihn, in Skandinavien und Australien sowieso. Daß man ihn auch in jedem Beduinenzelt und jedem Eskimo-Iglu und jedem chinesischen Hausboot kennt, macht deutlich, wie sehr unser einstmals beachtlicher Globus mit seiner stattlichen Weltbevölkerung im Zeitalter der Unterhaltungselektronik zu einem *global village* zusammengeschrumpft ist. Sogar unsere Antipoden sehen die selben Serienhelden. In einem japanischen Hotelzimmer erlebte ich mit, wie Horst Tappert, unser aller Derrick, ein Stakkato hoher Quietschtöne von sich gab – sein Assistent verstand ihn trotzdem, was ich Fritz Wepper gar nicht zugetraut hätte, und ging schon mal los, den Wagen zu holen.

Mindestens drei Milliarden Menschen aus 150 Nationen kennen Derrick, sagt die Medienforschung, die es wissen muß. Aber das ist natürlich nur über den Daumen gepeilt. Von Horst Tappert zu einer Geburtstagsgala eingeladen zu werden, war somit eine ganz und gar außerordentliche Ehre für die 400 Ehrengäste aus Film und Fernsehen, Kultur und Gesellschaft, wie es so schön heißt, wenn alle möglichen Leute eingeladen sind. Doch wir erlebten mehr als einen unvergeßlichen Abend. Wir erlebten den Beginn eines neuen Zeitalters der Geburtstagsfeste. Das muß ich kurz erklären.

Alle bisher erlebten Geburtstagsfeste litten an einem schwer begreifbaren Widersinn, gewissermaßen einem Geburtsfehler: Ausgerechnet das Geburtstagskind, das es zu feiern und zu trösten gilt, muß für die Festlichkeiten tief in die Tasche greifen und womöglich sogar Kredite aufnehmen, während die Gäste in Geschenk-Shops, Accessoire-Boutiquen und Herrenoberbekleidungsgeschäften rastlos nach völlig unnützen Präsenten fahnden, die dem verschuldeten Jubilar dann auch noch den letzten Stauraum in der Wohnung rauben. Damit machte Derrick Schluß! Und zwar gründlich! Der Oberinspektor räumte auf mit diesen althergebrachten Mißständen, daß es eine Freude war.

Es fing schon damit an, daß zum Geburtstagsschmaus im großen Filmstudio nicht der Jubilar einlud, sondern eine Gruppe von Sponsoren. Da lacht das Herz des Gastes: Einem großen Motorenwerk muß man keine kleine Aufmerksamkeit mitbringen, und dem Repräsentanten einer führenden Champagnermarke muß man keinen Rotwein aus dem eigenen Keller opfern. So fing der Abend schon einmal unbeschwert an.

Dann schlugen die Stunden der Sponsoren. Einer war laut Firmenwerbung für »catering und events« zuständig, ein zweiter rühmte sich als »Queen of Table Waters«, der dritte braut schon seit 1634 Bier und der vierte liefert Champagner aus eigener Kellerei. Natürlich wollten sich diese Sponsoren nicht hinter ihren Produkten verstecken, sondern sich offen zu ihrem Beitrag bekennen, weshalb jeweils ein Firmenvertreter die Grüße des Unternehmens überbrachte, dem verblüfften Publikum den erstaunlich hohen Bekanntheitsgrad

Derricks mitteilte und Horst Tappert immer wieder auf die Bühne bat, um für ein Agenturfoto nochmals die Gratulation entgegenzunehmen. Damit waren die Speisen vom Meeresfrüchtesalat bis zum Dessert ebenso redlich erwirtschaftet wie das Table Water, das Bier und der Champagner, was aber noch nicht bedeutet, daß jetzt schon serviert worden wäre.

Denn der Mensch lebt nicht vom Brot allein (das übrigens erfreulicherweise von Anfang an auf allen Tischen verfügbar war und manche Entbehrung überbrücken half). Will sagen: Der kultivierte Mensch aus Film und Fernsehen, Kultur und Gesellschaft braucht auch geistige Nahrung, also ein Abendprogramm. Zum Glück gab es dafür weitere Sponsoren.

Ein ortsansässiger Automobilhersteller – der Name tut hier nichts zur Sache – überließ dem Jubilar ein Jahr lang gratis jenes Auto, das in jeder Folge Harry schon mal holen muß, ein Füllfederhalterhersteller spendierte überraschenderweise einen Füllfederhalter und eine Fenster- und Türenfertigbaufirma ließ eine Wohnungstürsicherung springen, wofür der Oberinspektor respektive der Schauspieler, der den Oberinspektor spielt, zweifellos einen besonderen professionellen Zugang hat. Damit ließe sich zugegebenermaßen an und für sich noch kein abendfüllendes Programm bestreiten, doch die Firmenrepräsentanten wußten die Übergabe ihrer milden Gaben, die der Jubilar jeweils mit gesondertem pressewirksamen Händeschütteln auf der Bühne abholen mußte, mit der Nacherzählung ihrer Firmengeschichte von den bescheidensten Anfängen bis zu den schier unglaublichen Verkaufserfolgen des letzten Geschäftsjahrs zu verbinden – und schon war es für die 400 Ehrengäste aus Film und Fernsehen, Kultur und Gesellschaft höchste Zeit für die Mitternachtssuppe, die jetzt freilich nicht mehr so warm war, wie sie gegen 21 Uhr gewesen wäre.

Nun erzähle ich Ihnen von diesen Genußorgien der Reichen und Schönen nicht, um Ihren Sozialneid anzustacheln. Ganz im Gegenteil: Ich meine, daß Horst Tappert auch und gerade für Otto Normalverbraucher den Weg gewiesen hat. Verstehen Sie mich recht:

Das Sponsoring von Geburtstagsfeiern muß demokratisiert werden, sonst geht der kleine Mann wieder einmal leer aus!

Kommen Sie jetzt nicht mit dem Argument, das würde nicht funktionieren! Denken Sie nur daran, welche Kosten und Strapazen Rheumadeckenverkäufer auf sich nehmen, von der Organisation einer Busfahrt über Kaffee und Kuchen bis zur Verpflichtung eines dahinwelkenden Schlagerstars, um 50 Senioren in ein Verkaufsgespräch verwickeln zu können. Sollte es da keine reizvolle Chance sein, die Vorzüge der Rheumadecken vor Ihren bald auch in die Jahre kommenden 50 Geburtstagsgästen preisen zu können und dafür lediglich die Leberknödelsuppe sponsern zu müssen? Sehen Sie?

Und meinen Sie nicht auch, daß Herr Kaiser von der renommierten Versicherung, der zweifellos auch in Ihrer Nachbarschaft wohnt, sich gerne an der Finanzierung der Salatplatte beteiligen würde, wenn Sie ihm nach dem Dessert das Kinderzimmer für Kundengespräche oder einfach die Gästeliste für Assekuranz-Aquisitionen überlassen? Sorgen mit dem

Hauptgericht? Denken Sie an die AVON-Beraterin, ganz zu schweigen von der Tupperware-Verkaufsveranstalterin Ihres Stadtteils!

Natürlich muß man auch die Grenzen nüchtern sehen. Einen Automobilhersteller werden Sie wohl nur aufreißen können, wenn Sie seine Limousine jahrelang in einer Fernsehserie gut plazieren können (*product placement* heißt das), da geht ohne Fernsehruhm also nichts. Aber einen Gebrauchtwagenhändler werden Sie doch auftreiben können, der Ihnen einen alten Schlitten eine Woche lang überläßt, wenn er dafür den Versammelten auf Ihrer *birthday-party* alle Autos im Angebot anpreisen darf.

Sagen Sie jetzt bitte nicht, so ein Fest der zukünftigen Art sei gar nicht nach Ihrem Geschmack. Derrick war sich schließlich auch nicht zu fein dafür. Und den kennen drei Milliarden Menschen!

In Würde altern

BEIM STUDIUM DER Glückwünsche zu meinem 50 Geburtstag fand ich es einfach wunderbar, wie großartig der Münchner Oberbürgermeister sein muß, wo ich doch schon gefürchtet hatte, daß es heutzutage nur noch solche Schlawiner wie mich gibt. Es ist schon ein Glück, daß die öffentliche Wahrnehmung kaum über Insiderkenntnisse verfügt. Dies macht den Reiz offizieller Ehrungen jedenfalls für den Gelehrten aus.

Um nicht von der Rührung übermannt zu werden, habe ich einige Überlegungen zu diesem Datum an eine seriöse Überschrift geknüpft: »In Würde altern« – denn darum geht es ja im Grunde, auch wenn uns freundliche Rituale weismachen wollen, daß es etwas zu feiern gäbe.

Ursprünglich dachte ich, daß es nur Frauen schwerfalle, ein rundes Jubiläum ohne Schwermut zu begehen. Der äußere Schein gab mir recht: Während ältere Herren es kaum erwarten können, endlich anläßlich eines herausgehobenen Wiegenfestes neue Orden und Ehrenurkunden, Medaillen und Gedenkteller zu erhalten, fangen Frauen schon mit 30 an, den Geburtstag zu verleugnen, als ob er ein Verfallsdatum wäre. Für Frauen bedeuten offenbar mehr Jahre nur mehr Falten – wir Männer hingegen wissen, daß uns die Jahresringe auszeichnen und schmücken. Je älter wir werden, desto mehr können wir unsere Ansichten auf unsere Lebenserfahrungen stützen – und deshalb sind wir immer weniger darauf angewiesen, auf unsere ohnehin bestehende Unfehlbarkeit zurückzugreifen. Das läßt uns auch noch altersmilde erscheinen.

Ich wollte es vor einiger Zeit noch so formulieren: Nur Frauen werden älter. Männer hingegen werden nur bedeutender. Da packte mich aber plötzlich der Zweifel und zischte mir ins Ohr: Manchmal aber werden Männer auch bedeutend älter. Zum Beispiel 50!

Je näher das läppische Datum rückte, desto bewußter wurde mir, daß Älterwerden in

Wahrheit auch für uns, ja sogar besonders für uns ein kaum noch zu bestehender Härtetest ist. Dabei sind mir Falten nach wie vor gleichgültig. Zur Not kann man sie immer noch als Lachfalten deklarieren. Unbequem ist da schon eher die Frage, warum die Stirn immer höher wird, wie schütter der Haarwuchs noch werden soll, ob es eine gute Idee wäre, zur Ponyfrisur der Kindheit zurückzukehren und so die expansionswütigen Geheimratsecken zurückzudrängen.

Das schlimmste ist: Als ernstzunehmender erwachsener Mann schämt man sich solcher lachhafter Sorgen. Doch ein aufmerksamer Blick in Männerrunden zeigt, wie sie alle gegen dieselben Gespenster kämpfen: manche färben das silbergraue Haar pechschwarz, andere kämmen die letzten Strähnen pedantisch geordnet und streng parallel wie Trambahngleise quer über die künftige Vollglatze, wieder andere stehlen sich mit kostspieligen Toupets aus der Problematik.

Kann eigentlich eine einzige dieser im kollektiven Selbstmitleid wohlig badenden, behutsam reifer werdenden Frauen ermessen, was Männer unter dem Siegel der strengsten Verschwiegenheit leiden, wenn sich Alterssymptome wie Alarmanlagen melden?

Einzelne Nackenschläge haben mir dies verdeutlicht. So stand kürzlich in der U-Bahn ein hübsches Mädchen auf, um mir Platz zu machen. Um mit ihr in ein jugendbewegtes Gespräch zu kommen, sagte ich ihr, wir wären seinerzeit als antiautoritäre Studenten für den Oberbürgermeister sicher nicht aufgestanden. Sie antwortete schnippisch, es sei ja nicht wegen meines Amtes, sondern wegen meines Alters geschehen. Das saß. Sie sprach wirklich vom Alter. Solchermaßen in Mark und Bein getroffen, brauchte ich den Sitzplatz wirklich.

Noch schlimmer war kurz zuvor ein Arztbesuch: Der gute Doktor fuchtelte auf einem Röntgenbild herum, sagte Schreckliches über meine Wirbelsäule und wollte mich dann trösten mit den Worten: »Kein Grund zur Sorge, das sind ganz normale altersbedingte Verschleißerscheinungen!« Er sprach wirklich von altersbedingten Verschleißerscheinungen, als ob es um einen abgefahrenen, nie mehr zu verwendenden, höchstens in der Dritten Welt noch recyclewürdigen Reifen ginge – und dann auch noch ganz normal, also nicht einmal etwas Besonderes!

Solche Schicksalsschläge lassen einen frühzeitig ahnen, daß der 50. Geburtstag trotz aller Mildtätigkeiten des Freundeskreises ein Horrortrip ist. Selbst die schmeichelhafte Redensart vom Gipfel der Schaffenskraft kann ja nicht darüber hinwegtäuschen, daß es fortan bergab geht.

Nun werden Sie einwerfen wollen, daß es auch früher schon Leute gegeben hat, die diese Altershürde genommen haben, ohne so viel Aufhebens davon zu machen. Das ist richtig, geht aber am Kern vorbei.

Auch wenn mir jede Art von Selbstmitleid zutiefst verhaßt ist, möchte ich doch anmerken dürfen, daß es noch niemals so schwer war, 50 zu werden, wie heute. Sehen Sie doch nur die Jahrgänge an, die kurz vor uns vom 47er Jahrgang auf die Welt gekommen sind: Die sahen doch schon mit 20 so aus, wie wir heute mit 50 noch nicht aussehen wollen. Im Ernst: Werfen Sie einen Blick auf Fotos von Studentendemonstrationen zur Zeit der

SPIEGEL-Affäre, zu Beginn der APO-Jahre: lauter geschniegelte Herren mit Anzug und Krawatte, durch und durch ernst, als müßten sie eine Sparkassenfiliale in der Provinz leiten. Die konnten leicht alt werden – es hat sich ja nichts geändert.

Ganz anders dagegen liegt die Sache bei uns. Wir haben die ewige Jugend abonniert. Wir haben 14 Semester lang an der Universität die letzten Tage der Kindheit genossen, die Hochschulen in Kindergärten verwandelt und dem Berufsleben manchen Schülerstreich gespielt; jetzt sind wir damit befaßt, den strebsamen Kindern jugendliche Aufmüpfigkeit zu predigen und den Haarausfall oben durch immer flottere Turnschuhe unten auszugleichen. Unserer Generation war aufgegeben, immer jung zu bleiben, und dann so was: ein 50. Geburtstag. Verstehen Sie mich nicht falsch: Wir haben keine Angst davor, alt zu werden. In uns bäumt sich nur alles auf gegen die absurde Vorstellung, eines Tages nicht mehr jung sein zu sollen.

Kürzlich ertappte ich mich beim Besuch einer Sportartikelmesse dabei, gleichzeitig darüber nachgedacht zu haben, ob ich nicht den

Enkelkindern meine Federballschläger schenken sollte, weil ich mich aus Angst vor einem Hexenschuß ohnehin nicht mehr bücken mag, und ob ich nicht Inline-Skates kaufen sollte, um mein jugendliches Draufgängertum zu unterstreichen. Wir sind Zerrissene.

Hinzu kommt noch, daß man so wenig Verbindliches weiß über die Zeit danach, jenseits der 50. Einerseits kokettieren 60jährige herum, jetzt erst fange das eigentliche unbeschwerte und lustvolle Leben an, andererseits hört man munkeln, jenseits der 50 lasse beispielsweise das Interesse an Frauen als solchen nach, was nur die wenigsten ganz offen zugeben mit den schönen Worten, sie würden jetzt Golf spielen.

Beim Arbeitsamt jedenfalls ist man schwer vermittelbar, wenn das halbe Jahrhundert vollendet ist. »Chancenlos mit 50«, titelte jüngst die BILD-Zeitung. Tatsächlich sind es vor allem die Meldungen aus der Arbeitswelt, die jeden Jahresring als Fessel erscheinen lassen. Neulich traf ich einen Schulkameraden, der mir bisher nur dadurch unangenehm aufgefallen war, daß seine Wochenendtouren mit dem

Fahrrad um ein Vielfaches länger waren als meine, die sich bei diesem Vergleich recht mickrig ausnahmen. Er erzählte mir während einer gemeinsamen Wegstrecke im Isartal, daß er jetzt mit 55 in den vorzeitigen Ruhestand gegangen sei. Man muß sich das vorstellen: Ein Mitschüler! Und jetzt nur noch Rentner! Für alle Zukunft!

Da soll mir keiner erzählen, daß das Alter kein Abgrund sei! Ist dagegen kein Kraut gewachsen? Ich kann Sie beruhigen: Zeitweise schon. Es gibt einen Jungbrunnen, in dem man sich nur zu wälzen braucht, und schon ist man mindestens eine Generation jünger.

Sie glauben mir nicht? Ich habe es selbst ausprobiert. Ich spreche von der vielgeschmähten Politik. Vor etwa zehn Jahren war ich schon einmal von allen Plagen des Alters bedroht. In meiner Anwaltskanzlei wurde ich mehr spöttisch als respektvoll als Seniorchef bezeichnet. Im Kollegenkreis galt ich als alter Hase. In der Familie unternahm man die erforderlichen Aktivitäten, um mich zum Stief-Großvater zu machen. Der Weg zum alten Eisen schien unaufhaltsam. Doch dann die

Rettung: Ich ging in die Politik. Plötzlich war ich eine Nachwuchshoffnung. Offenbar gilt wirklich die eherne Regel: So alt kannst du gar nicht werden, daß du in der SPD nicht mehr zur Enkelgeneration gezählt wirst! So habe ich dem Herrn der Jahresringe manches Schnippchen geschlagen: fast 50 und doch noch jünger als die meisten Enkel!

Um so unvermittelter trifft mich jetzt die runde Zahl. Und das aberwitzige Tempo verschärft das Problem. Was waren in unserer Schulzeit sechs Wochen Sommerferien? Ein Zeitozean. Kaum vorstellbar, daß man ihn je überqueren würde. Und was ist heute ein Jahr? Am Neujahrstag schlafen wir unseren Silvesterrausch aus und nehmen uns vor, bei den Faschingsbällen und Frühlingsfesten weniger zu trinken, die kurze Pause der Oster- und Pfingstferien zum Atemholen zu nutzen, im Sommer mal richtig im Biergarten zu entspannen und nach dem Oktoberfeststreß viel wegzuarbeiten, ehe uns der Glühweingeruch und Liederlärm der »staaden Zeit« ohnehin das Handwerk legt – und dann ist eh schon wieder Silvester.

Wie soll man bei so atemberaubenden Tempo »in Würde altern«. Um ehrlich zu sein: Ich weiß es nicht. Aber ich bin sicher, Sie werden mir dabei helfen. Schließlich ist es ja auch Ihr Problem.

Chefsache

AM TAG NACH der OB-Wahl galt es, zu Hause einen stattlichen Berg von Geschirr zu spülen: Platten, Schüsseln und Pfannen, die nicht in die Spülmaschine passen. Ich hatte alles »zum Einweichen« im Spülbecken versenkt, natürlich in der Hoffnung, unaufschiebbare Staatsgeschäfte im neuen Amt würden mir die weiteren Arbeitsschritte vom Abwasch bis zum Abtrocknen ersparen, aber diese ansonsten bewährte Rechnung war diesmal leider nicht aufgegangen. So mußte ich allen Ernstes, den Kopf voller Sorgen um einen Sieben-Milliarden-Haushalt, den restlichen Abwasch für einen Drei-Personen-Haushalt erledigen. Immerhin mußte unser Sohn mithelfen, der sich die letzten Tage im Endspurt des Wahlkampfs so konsequent um Hausarbeiten gedrückt hatte, als wäre er der Kandidat gewesen.

»Hey«, unterbrach er plötzlich das Schweigen beim Abtrocknen einer Salatschüssel, »sag mal, stimmt das wirklich, daß du jetzt auch Chef der Feuerwehr bist?« Was für eine Frage! Natürlich war ich als frisch gewählter Chef der gesamten Stadtverwaltung jetzt auch Chef der Feuerwehr, ja sogar oberster Müllmann der Stadt und Dienstvorgesetzter aller städtischen Straßenkehrer, was ich allerdings nicht ins Spiel bringen wollte, weil es selbst bei Kindern nicht das gewünschte Sozialprestige mit sich bringt. Also sagte ich nur knapp: »Klar!« Das hätte ihm wenigstens ein ganz kleines bißchen imponieren sollen, wenn diese jungen Leute sonst schon nicht für die Politik zu begeistern sind. Statt dessen nörgelte er nur: »Du weißt ja nicht einmal, wie man einen Hydranten aufdreht!«

Nicht, daß ich das als oberster Dienstvorgesetzter wissen müßte – schließlich eile ich nicht bei jedem Zimmerbrand mit tatütata zum Einsatzort; aber irgendwie interessierte es mich doch. Wie öffnet man denn einen Hydranten? Ich ließ meine langjährige Juristenausbildung in Fragen der öffentlichen Sicherheit Revue passieren: Mehrere Wintersemester lang hatten sie uns gequält mit ihrem blödsinnigen Borkenkäfer und wie man ihm auf dem Verordnungswege oder mit gemeindlichen Satzungen den Garaus macht – aber wie man im Brandfall einen Hydranten aufdreht, haben sie uns nicht beigebracht. Dabei brennt es in einer Millionenstadt alle Tage, während mir außerhalb des juristischen Seminargebäudes noch kein einziger Borkenkäfer begegnet ist.

Angriff, erinnerte ich mich, ist die beste Form der Verteidigung. Also fragte ich mit schneidender Stimme zurück: »Hast du heute eigentlich schon deine Schulaufgaben gemacht?« Das sollte ihn kalt erwischen. Doch er gab unverhofft schlagfertig zurück: »Aber hör mal. Ich bin doch längst mit der Schule fertig!« Richtig, da war doch was. Tatsächlich war im Sommer vor dem Endspurt einmal davon die Rede gewesen, daß er die Schule abschließen und ins Berufsleben treten wolle. Aber warum hat mich danach niemand mehr auf dem laufenden gehalten? Es ist einfach zu ärgerlich, daß wir Politiker im Rathaus mit Informationen überschüttet und überschwemmt und regelrecht gemästet, in der Familie schlichtweg ausgehungert werden.

Das mit den Schulaufgaben war also nichts. Deshalb versuchte ich es mit einer pädagogisch wertvollen Erläuterung, die einen ausreichend großen Bogen um jeden Hydranten schlug.

»Weißt du, um noch mal auf die Feuerwehr zurückzukommen, als oberster Dienstvorgesetzter mußt du natürlich nicht jeden Handgriff im Heizkraftwerk oder im städtischen Krankenhaus beherrschen. Dafür haben wir ja Fachleute. Nur wenn eine Sache zur Chefsache erklärt wird, zum Beispiel weil zwei Behörden sich streiten oder ein Amt bei einem Thema nicht weiter weiß, bin ich dann dafür selber zuständig.«

Obwohl ich das alles sehr freundlich und verständlich aufbereitet hatte, hängte Cristof einfach sein Geschirrtuch an den Haken und ging wortlos zur Küchentür hinaus. »Hey«, rief ich ihm hinterher, »was ist mit diesen angebrannten Pfannen?«

»Die«, antwortete er, ohne nur einen Blick

zurückzuwerfen, »habe ich zur Chefsache erklärt.«

PIPER

Christian Ude
Meine verfrühten Memoiren

162 Seiten. Serie Piper

Christian Ude, seit 1990 Münchner Bürgermeister, hat
sich inzwischen nicht nur als vielseitiger und überaus coura-
gierter Politiker weit über die Stadtgrenzen hinaus einen
Namen gemacht, sondern auch so mancher bierernsten
Versammlung mit brillanten kabarettistischen Einlagen zu
überraschenden Höhepunkten verholfen. Der Tatsache, daß
die meisten politischen Memoiren viel zu spät geschrieben
werden, will er mit den hier versammelten biographischen
Streiflichtern entgegenwirken.

»Auch er hat einmal klein angefangen, hat nichts vergessen
und macht sich nun, ohne Überheblichkeit, mit Lust lustig,
über sich und die anderen. Mit dem koketten Charme der
Selbstironie und einer gehörigen Portion Schadenfreude
deckt er die kleinen und großen Schwächen im politischen
Tagesgeschäft auf, die Machtspielchen der Krämerseelen,
den stickigen und stinkigen Provinzialismus ...«
Abendzeitung

01/1119/01/R

Das Beste von Karl Valentin

Herausgegeben von Elisabeth Veit. 398 Seiten.
Serie Piper

»Das Beste von Karl Valentin« versammelt seine bekanntesten Dialoge und Streitgefechte, Monologe und Reden, Szenen und Theaterstücke, Couplets und Lieder, Filme, Filmszenen und satirische Briefe.

»Ein erzählter Witz, der reizt meine Lachmuskeln nicht, aber so etwas Improvisiertes, da bin ich machtlos, selbst wenn ich auf der Bühne stehe, und muß lachen, daß die Fetzen fliegen und alle anderen mitlachen müssen.«
Karl Valentin

01/1121/01/R

Otto Schenk (Hg.)
Sachen zum Lachen
Ein Lesebuch. 224 Seiten.
Serie Piper

Erst als Vortragsprogramm, danach als Video-Kassette, schließlich als Buch: Otto Schenks »Sachen zum Lachen« wurden in jeder Form zu einem riesigen Publikumserfolg. Das liegt (neben dem grandiosen Vortrag natürlich) vor allem auch an der Qualität der ausgewählten Texte, die ausnahmslos zu den Meisterwerken der humoristischen Literatur, selbstverständlich speziell der wienerischen, gehören. Peter Altenberg und Alfred Polgar, Roda Roda, Egon Friedell, Robert Neumann und der große Karl Kraus vertreten diese Spielart der »Sachen zum Lachen«. Aber Goethe und Schiller, die großen Klassiker, sind ebenso präsent wie die Spötter Heinrich Heine, Wilhelm Busch und Kurt Tucholsky.

»Wem dieses Buch nicht mindestens ein Schmunzeln entlockt, bei dem ist Hopfen und Malz verloren.«
Münchner Merkur

Christian Morgenstern
Gesammelte Werke
in einem Band. 616 Seiten.
Serie Piper

Wenige Autoren der Weltliteratur haben ein derart facettenreiches, von Gegensätzen bestimmtes Werk hinterlassen wie Christian Morgenstern. Der vorliegende Band, den Margareta Morgenstern, die Frau des Dichters, nach dessen Tod zusammengestellt hat, zeigt die ganze Fülle seines dichterischen und denkerischen Schaffens. Die Auswahl umfaßt die »ersten« Gedichte wie die Galgenlieder, dazu Grotesken und Parodien, Aphorismen, Sprüche, Epigramme und Briefe. Ob in der Seelenheiterkeit der Palmströmverse oder im Lebensernst der Sammlung »Zeit und Ewigkeit«, immer ist die Frage nach dem Sinn menschlicher Existenz spürbar. Der Versuch, die bedrohte Welt und den Menschen zu stärken und zu sich selbst zu führen, verleiht Morgensterns Werk eine zeitlose Gültigkeit: »Der Mensch ist mein Fach, und hier will ich bis zum Äußersten gehen.«

Willy Brandt
Lachen hilft

Politische Witze. Herausgegeben von Brigitte Seebacher-Brandt. 157 Seiten. Serie Piper

Willy Brandt hielt gerne schriftlich fest, was ihm an politischen Witzen begegnete – ob auf den Speisekarten eines Staatsbanketts, auf Notizzetteln oder auf Schnipseln, die er aus Büchern herausriß. Immer war er auf der Suche nach neuen, befragte seine Gesprächspartner und erprobte ihre Wirkung, indem er sie weitererzählte. Auch plante er selbst noch eine Veröffentlichung und entwarf eine Gliederung an seinem eigenen politischen Leben entlang: Witze zur Exilzeit, zu Krieg und Nationalsozialismus, zur SPD, zu Bundesrepublik und DDR, zur Weltpolitik zwischen den großen Blöcken. Seine Witwe Brigitte Seebacher-Brandt hat die Sammlung gesichtet und die besten Witze ausgewählt, unter dem Motto, das Willy Brandt selbst vorgegeben hatte: Was immer auch passiert, welch seltsame Dinge einem im Leben begegnen – lachen hilft!

Arrigo Cipriani
Harry's Bar

Eine venezianische Legende. Stories, Drinks und Rezepte. Aus dem Amerikanischen von Gabriel Stein. 210 Seiten mit 22 Abbildungen. Serie Piper

Harry's Bar ist eine venezianische Institution. Seit über sieben Jahrzehnten ist sie der kulinarische Treffpunkt für Künstler und Schriftsteller. Ernest Hemingway war Stammgast, der internationale Jet-set und die venedigverliebte Aristokratie gingen und gehen ein und aus. Harry's Bar ist die geniale Mischung aus Luxus und Einfachheit, die Giuseppe Cipriani 1931 geschaffen hat und die heute von seinem Sohn Arrigo Cipriani weitergeführt wird. In diesem Buch erzählt er die Geschichte der Bar und der Menschen, die sie zur Legende machten. Seine Betrachtungen und Erinnerungen sind gewürzt mit einer Auswahl von Rezepten für berühmte Drinks und feine Speisen.

SERIE PIPER

Claudia Leins

Glück fürs ganze Jahr

155 Seiten. Serie Piper

Der Neujahrsspaziergang im glitzernden Schnee, wieder erwachende Frühlingsgefühle und der erste Biß in noch warmes Ostergebäck, der Duft reifer Erdbeeren, die träge Glückseligkeit eines Sommertages, Grillabende unterm Sternenhimmel und Herbststimmung mit leuchtend buntem Laub – das Glück hat viele Gesichter, Farben und Gerüche. Claudia Leins öffnet uns die Augen für die kleinen Glücksmomente und die Magie des Alltags. Sie lädt ein, jeden Monat bewußt zu erleben und zu feiern. Ein Lesegenuß für alle Sinne, bei dem einem ganz warm ums Herz wird.

»In jeder Minute, die du im Ärger verbringst, versäumst du sechzig glückliche Sekunden deines Lebens.«
Albert Schweitzer

Gerlis Zillgens

101 Gründe, ohne Männer zu leben

Mit einem Vorwort von Erika Berger. 118 Seiten. Serie Piper

Hand aufs Herz: Männer sind nachweislich die häufigste Geräuschbelästigung im Alltag. Türenknallen, »Tooor«-Brüllen, Schnarchen, Zähneknirschen. Und wer kennt sie nicht, die kleinen und größeren Widrigkeiten, die von hygienischen Fragwürdigkeiten über sexuellen Hochleistungszwang bis zu manchmal haarsträubender Häßlichkeit reichen? Gerlis Zillgens liefert uns 101 Gründe, ohne Männer zu leben. Das Pendant zu »101 Gründe, ohne Frauen zu leben« ist eine erstklassige Retourkutsche – spritzig, liebenswert, frech!

»Gerlis Zillgens nimmt mit viel Humor die Macken unserer doch unentbehrlichen Lieblinge auf die Schippe.«
Carina

05/1380/01/L

05/1162/01/R

Paul Watzlawick

Anleitung zum Unglücklichsein

132 Seiten. SP 2100

Paul Watzlawicks »Anleitung zum Unglücklichsein« ist zum Kultbuch geworden. Die Geschichten, mit denen der Autor seine Leser zum Unglücklichsein anleitet – etwa die mit dem Hammer oder die mit den verscheuchten Elefanten –, sind inzwischen Allgemeingut. Man kann Paul Watzlawicks neues Buch mit einem lachenden und einem weinenden Auge lesen. Jeder Leser dürfte etwas von sich selbst in diesem Buch wiederfinden – nämlich seine eigene Art und Weise, den Alltag unerträglich und das Triviale enorm zu machen. Watzlawicks Anleitungen nicht zu befolgen ist der erste Schritt zum Glück.

»Ich habe das Buch in wenigen Stunden gelesen und gleich an die nächsten Freunde weitergeleitet. Schon der Grundgedanke ist faszinierend. Nicht – wie so viele Autoren, die in den letzten Jahren den Markt mit Glücksanleitungen überschwemmt haben – wohlfeile Gebrauchsanweisungen zu liefern, sondern uns den Spiegel vorzuhalten und zu zeigen, was wir alltäglich alles selbst gegen unser mögliches Glück tun.«

Walter Kindermann

»Eine amüsante Lektüre für Leute wie mich, die dazu neigen, sich das Leben schwer zu machen – ohne zu wissen, wie sie das eigentlich anstellen. Ein Lesevergnügen mit paradoxem Effekt. Das Nichtbefolgen der ›Anleitung zum Unglücklichsein‹ ist die Voraussetzung dafür, glücklich sein zu können.«

Brigitte

Vom Schlechten des Guten

oder Hekates Lösungen.
124 Seiten. SP 1304

»Ein sehr unterhaltend geschriebenes Buch, das sich mit Witz und Ironie der drängenden Probleme unserer Gegenwart annimmt und versucht, die Trugschlüsse der populärsten Problemlösungen aufzudecken.«

Österreichischer Rundfunk

»Das sich auf weite Strecken amüsant gebende und im Plauderton geschriebene Buch steckt voll tiefen Ernstes.«

Wiener Zeitung

SERIE PIPER

SERIE PIPER

Walter Krämer, Götz Trenkler

Lexikon der populären Irrtümer

500 kapitale Mißverständnisse, Vorurteile und Denkfehler von Abendrot bis Zeppelin. 411 Seiten. Serie Piper

Vorurteile und Irrtümer bestimmen unseren Blick auf die Welt im großen und ganzen, aber auch im kleinen und im besonderen. Die Autoren, renommierte Professoren, zeigen wissenschaftlich belegt und statistisch untermauert, von wie vielen und von welchen Irrtümern wir umgeben sind und wie es sich daneben mit der Wahrheit verhält.

Daß Spinat nicht gesünder ist als sonstige Gemüsesorten, Hamburg mehr Brücken als Venedig hat und Nero nicht grausamer war als andere römische Despoten, hat sich allenthalben herumgesprochen, doch immer noch kursieren Hunderte von weiteren Irrtümern und Mißverständnissen im sogenannten Allgemeinwissen.

Walter Krämer, Götz Trenkler, Denis Krämer

Das neue Lexikon der populären Irrtümer

Weitere Vorurteile, Mißverständnisse und Denkfehler von Advent bis Zyniker. 387 Seiten. Serie Piper

Irren ist menschlich, und weil es bekanntlich jede Menge Möglichkeiten gibt, sich zu irren, haben Walter Krämer und seine Co-Autoren nach ihrem ersten Riesenbestseller nun im »Neuen Lexikon der populären Irrtümer« weitere Vorurteile, Mißverständnisse und Denkfehler aufgespürt. Hätten Sie gewußt, daß nicht erst in der Neuzeit, sondern schon bei den alten Römern mit Beton gebaut wurde? Oder daß bei einer Blinddarmoperation gar nicht der Blinddarm entfernt wird? Haben auch Sie bisher gedacht, die »Blaue Mauritius« sei die wertvollste Briefmarke der Welt? Dieses vergnügliche Lexikon klärt Sie auf über Lügen und Legenden zu Attila und Aschenputtel, Nationalhymne und Nasenbluten, Schweinefleisch und Schwarzarbeitern, zu Waldsterben und Weihnachtsbäumen.

05/1150/01/L   05/1152/01/R